Katja Schne

Du hast keine Macht über mich!

Wie man sich vor häuslicher Gewalt schützen kann

mvgverlag

Bibliografische Information der Deutschen Nationalbibliothek:
Die Deutsche Nationalbibliothek verzeichnet diese Publikation in der Deutschen Nationalbibliografie; detaillierte bibliografische Daten sind im Internet über http://d-nb.de abrufbar.

Für Fragen und Anregungen:
katjaschneidt@mvg-verlag.de

1. Auflage 2012

Nymphenburger Straße 86
D-80636 München
Tel.: 089 651285-0
Fax: 089 652096

Redaktion: Susanne Schneider, München
Umschlaggestaltung: Julia Jund, München
Umschlagabbildung: iStockphoto
Satz: HJR – Jürgen Echter, Landsberg am Lech
Druck: GGP Media GmbH, Pößneck
Printed in Germany

ISBN 978-3-86882-263-2
ISBN E-Book (PDF) 978-3-86415-265-8
Epub – ISBN 978-3-86415-294-8

INHALT

Vorwort

Laut einer britischen Studie vergehen von dem Zeitpunkt der ersten Gewaltausübung durch den Lebenspartner bis zu dem Zeitpunkt, an dem Frauen sich Hilfe holen, durchschnittlich sieben kostbare Jahre. Als ich diese Zahl im Zuge meiner Recherche zu diesem Buch vor Augen hatte, erschrak selbst ich, obwohl ich mich seit mehr als 20 Jahren mit dem Thema Gewalt in der Partnerschaft auseinandersetze. Genau genommen seit dem Tag, an dem ich selbst an meinem eigenen Leib die Folgen eines gewalttätigen Partners spüren musste. Nie werde ich vergessen, wie der einst geliebte Mann seine Faust erhob und sie mir mit aller Kraft in mein Gesicht schlug! Ich war zunächst dermaßen schockiert, dass ich keinerlei Schmerzen verspürte. Noch nie hatte mir ein Mann Gewalt angetan, und so war ich darauf absolut nicht vorbereitet.

Ich war zu diesem Zeitpunkt eine selbstbewusste, toughe Frau, Anfang 20, und Gewalt in einer Paarbeziehung kannte ich bis dahin nur aus Filmen und Erzählungen. Wie die meisten Menschen, die mit dieser Thematik noch nie in Berührung gekommen waren, war auch ich fest davon überzeugt, dass, wenn es jemals dazu kommen sollte, dass mein Freund die Hand gegen mich erheben würde, dies das sofortige Aus für die Beziehung bedeuten würde.

Nun war dieser – für mich bis dahin undenkbare – Fall also eingetroffen, und mein Handeln war gefragt. Natürlich habe ich mich sofort von ihm getrennt, aber da ich auf die Schnelle keine neue Wohnung gefunden habe und auch meinen Freunden und meiner Familie nicht zur Last fallen wollte, einigte ich mich mit meinem Partner darauf, dass wir zunächst gemeinsam in der Wohnung bleiben würden und er zum Schlafen in unser Wohnzimmer umziehen würde.

Natürlich ließ mein Freund keine Gelegenheit aus, um mir gegenüber immer wieder zu beteuern, dass es sich bei der Gewaltattacke nur um einen einzigen bedauerlichen Ausrutscher gehandelt habe. Fast täglich brachte er mir Blumen oder andere kleine Aufmerksamkeiten mit und wurde nicht müde, mich mit seiner Aufmerksamkeit zu überschütten. Und sein zuvorkommendes Verhalten zeitigte seine Wirkung: Je länger dieser Zustand andauerte, umso unwirklicher erschien mir der Tag, an dem er mich geschlagen hatte, und irgendwann begann ich tatsächlich über eine Weiterführung der Beziehung nachzudenken. Nie werde ich das freudige Funkeln in seinen Augen vergessen, als ich ihm mitteilte, dass ich mir überlegt hätte, einen neuen Versuch mit ihm zu starten.

Eine ganze Weile ging es auch gut, aber wie Sie sich vielleicht denken können, kam der Zeitpunkt, an dem er erneut auf mich einprügelte. Diesmal noch viel heftiger als beim ersten Mal. Anschließend machte er mir unmissverständlich klar, dass es sich nicht um einen Ausrutscher gehandelt habe, und meine Ankündigung, mich diesmal definitiv von ihm zu trennen, quittierte er mit dem Satz: »Solltest du mich verlassen, werde ich dich finden, und ich werde dich töten.«

Ich habe nicht eine Sekunde daran gezweifelt, dass er seine Ankündigung auch in die Tat umsetzen würde, und so habe ich vier lange Jahre in dieser von Gewalt geprägten Beziehung ausgeharrt, bevor ich meine Ängste schließlich überwinden konnte und mir die Flucht gelang. Wenn ich die eingangs britische Studie noch einmal als Maßstab nehme, dann sind mir die Flucht und Trennung immerhin drei Jahre unter dem errechneten Durchschnitt gelungen.

Seit ich mit meiner Gewalterfahrung in Form des Buches *Gefangen in Deutschland* in die Öffentlichkeit gegangen bin, weiß ich, wie notwendig ein Anti-Gewalt-Ratgeber ist. Ich bekomme täglich sehr viele Zuschriften von Frauen, die selbst von Gewalt in der Partnerschaft betroffen sind und sich Hilfe suchend an mich wenden. Wann immer ich im Fernsehen zu sehen bin oder eine Zeitschrift über mich berichtet, weiß ich, dass ich innerhalb weniger Stunden wieder eine ganze Flut von Anfragen und Hilferufen in meinem E-Mail-Posteingang vorfinde.

Gewalt hat viele Gesichter, und die Leidensgeschichten, die an mich herangetragen werden, sprengen oftmals selbst mein Vorstellungsvermögen. Da ich natürlich nicht alle betroffenen Frauen, die sich vertrauensvoll an mich wenden, beraten kann, habe ich mich auf die Suche nach einem kompetenten Ratgeber gemacht, den ich diesen Frauen als Buchempfehlung an die Hand geben könnte. Meine Ausbeute war erschreckend! Die meisten Ratgeber zum Thema Gewalt sind voller Zahlen, Daten und Fakten, aber praktische Ratschläge sucht man dort meist vergebens. Ich fand wirklich nichts, was ich von Gewalt betroffenen Frauen ruhigen Gewissens hätte empfehlen können. Dieser Umstand war ausschlaggebend, dass ich schließlich selbst einen Anti-Gewalt-Ratgeber geschrieben habe, und das Ergebnis halten Sie nun in Händen.

Betrachten Sie mein Buch als eine Art »gute Freundin«, die Sie nun an die Hand nimmt und Ihnen fortan zur Seite steht. Falls Sie selbst unter Gewalt in Ihrer Partnerschaft zu leiden haben, wünsche ich Ihnen viel Kraft, den Weg aus der von Gewalt geprägten Partnerschaft zu finden, und dass Sie in ein neues und angstfreies Leben starten.

Falls Sie das Buch gekauft haben, weil jemand aus Ihrem Freundes- oder Verwandtenkreis von Gewalt betroffen ist und Sie vielleicht nicht wissen, wie Sie helfen können, sage ich einfach Danke! Danke dafür, dass Sie nicht wegschauen, sondern selbst aktiv werden.

Vergessen wir nie:

Es gibt ein Leben nach einer Gewaltbeziehung, und dafür lohnt es sich zu kämpfen!

In diesem Sinne …

Ihre Katja Schneidt

Mein Neuer ist mein absoluter Traummann ...

Wie entsteht Gewalt in der Partnerschaft, und was sind die ersten Anzeichen?

Leider sieht man keinem Menschen auf den ersten Blick an, ob er gewalttätig ist oder nicht. Bestenfalls fällt Ihnen vielleicht auf, dass der neue Partner ein bisschen dominanter ist, als Sie das aus vorherigen Beziehungen kannten. Menschen, die zur Gewalt neigen, haben aber fast immer ein großes Problem mit ihrem Selbstwertgefühl. Oft ist es so, dass sie in ihrer Kindheit selbst mehr oder weniger regelmäßig das Opfer von schlagenden Eltern waren. Diese Demütigung hat sich dann meist so nachhaltig in ihre Seele und ihr Gedächtnis eingebrannt, dass sie kein gesundes Selbstbewusstsein entwickeln konnten. Kommen diese Menschen dann im Laufe ihres Lebens in Situationen, die sie verunsichern, oder ärgern oder fühlen sie sich gar provoziert, so kennen sie nur eine Antwort darauf: die schlagende Hand!

Eine Besonderheit gibt es noch bei Männern aus dem orientalischen Kulturkreis zu beachten: Ohne dass ich hier verallgemeinernd werden möchte, ist es doch unbestritten, dass es Kulturen gibt, in denen die körperliche Züchtigung einer Frau nichts Besonderes ist und damit also gesellschaftlich akzeptiert. Es spielt dabei auch keine Rolle, ob der Partner mit Migrationshintergrund schon viele Jahre hier in Deutschland lebt oder nicht. Diese Verhaltensweisen wurden und werden von den Eltern und der Familie vorgelebt und in der Regel auch so übernommen. Der Mann hat das Sagen, und wenn die Frau sich dem Willen des Mannes nicht bedingungslos unterordnet, wird der Gehorsam eben mit körperlicher Gewalt erzwungen.

Laut einer Studie des Bundesministeriums für Familie, Senioren, Frauen und Jugend sind Frauen mit beispielsweise türkischem Migrationshintergrund fast doppelt so oft von gewaltbedingten Verletzungen betroffen wie deutsche Frauen. Diese Zahlen sprechen eine eindeutige Sprache.

Natürlich gibt es auch völlig gewaltfreie orientalische Männer und sehr gut funktionierende binationale Partnerschaften, aber diese sind nicht Thema dieses Anti-Gewalt-Ratgebers und finden hier deswegen keinen weiteren Raum.

Nun werden Sie sich wahrscheinlich fragen, wie Sie denn schon am Anfang einer neuen Beziehung erkennen können, ob Sie es eventuell mit einem gewalttätigen Partner zu tun haben. Das ist eine Frage, die schwierig zu beantworten ist. Niemand wird eine neue Partnerschaft gleich mit negativen Kindheitserlebnissen oder der Offenbarung, dass man sich nicht immer im Griff hat, beginnen. Darüber hinaus kann Gewalt auch viele Gesichter haben. Es ist nicht immer unbedingt der körperliche Angriff, auch die Seele kann Opfer von Gewaltattacken werden. Fortwährende verbale Demütigungen haben ebenfalls eine zerstörerische Wirkung und können körperliche Schmerzen verursachen. Hier meine ich nicht Situationen, in denen sich zwei ansonsten gleichberechtigte Partner im Streit mal ein paar Schimpfworte »um die Ohren hauen«, sondern ganz gezielt eingesetzte demütigende Äußerungen, die wohldosiert immer wiederholt werden, um einen Menschen psychisch zu schaden, ihn einzuschüchtern und unter Kontrolle zu halten. Diese Form von Gewalt kann nachgewiesenermaßen auf die Dauer körperliche Erkrankungen wie beispielsweise Migräne, nervöse Herzbeschwerden, Magenbeschwerden, Depressionen und Angstzustände hervorrufen.

Nachfolgend nun einige Warnzeichen, die bei Ihnen eine gewisse Vorsicht wecken sollten:

- Möchte er schon zu Anfang der Beziehung immer genau wissen, wo Sie sich gerade aufhalten oder mit wem Sie unterwegs sind, dann werden Sie das noch unter dem Interesse an Ihrer Person und dem Zustand der Verliebtheit verbuchen.

- Wahrscheinlich lächeln Sie noch darüber, wenn er Ihnen im Minutentakt Kurznachrichten auf Ihr Handy sendet, obwohl er genau weiß, dass Sie sich gerade mit Ihrer besten Freundin zum Kaffeetrinken treffen, und auch den vorsichtigen Hinweis ebendieser besten Freundin, dass so ein Verhalten ja schon ein wenig rücksichtslos sei, werden Sie zu diesem Zeitpunkt noch mit einem sorglosen Schulterzucken quittieren.

- Auch seine Bitte, vielleicht doch etwas weniger Make-up aufzulegen und nicht allzu tief ausgeschnittene Oberteile zu tragen, wird Ihnen eher schmeicheln, als dass Sie das als Einschränkung empfinden werden.

Obwohl all diese Merkmale ernst zu nehmende Anzeichen sind, dass Sie sich mit einem gewaltbereiten Menschen zusammengetan haben, werden Sie sich zu diesem Zeitpunkt einfach begehrt und geliebt fühlen. Aus diesem Grund werden Sie auch viele Zugeständnisse machen und gar nicht registrieren, dass Sie damit den Grundstein für ein Ungleichgewicht in Ihrer Beziehung legen.

Gewalt in einer Partnerschaft beginnt schon viel früher, lange bevor es zum ersten Schlag kommt. Nur in den seltensten Fällen ist es so, dass dies völlig ohne Voranzeichen geschieht. Der gewalttätige Partner hat Ihnen gegenüber aber einen entscheidenden Vorteil: Er weiß im Gegensatz zu Ihnen, dass er dazu neigt, dass ihm gelegentlich die Hand ausrutscht oder auch Schlimmeres ... Deshalb wird er in der ersten Zeit Ihres Zusammenseins auch alles daransetzen, Sie voll und ganz für sich zu gewinnen, und Sie auf einer Woge der Geborgenheit dahingleiten lassen.

Mein Rat an Sie an dieser Stelle: Setzen Sie gleich zu Beginn einer neuen Beziehung Ihre Grenzen, und weichen Sie davon trotz aller Verliebtheit nicht ab, denn alles, was Sie am Anfang an Zugeständnissen machen, wird sehr schnell zur Selbstverständlichkeit werden und mit großer Wahrscheinlichkeit nach einer Weile Probleme mit sich bringen. Auf einen Partner, der nicht von Anfang an Ihre Eigenständigkeit akzeptiert, können Sie auch gut und gerne verzichten, und Sie werden sich garantiert sehr viel Ärger und Leid ersparen.

Kerstin und Ralf – eine deutsch-deutsche Beziehung: Teil I

Kerstin und Ralf lernen sich über eine Kontaktbörse im Internet kennen. Nach unzähligen E-Mails, die sie hin- und herschicken, beginnen sie nach einer Weile miteinander zu telefonieren. Es folgen stundenlange Gespräche, die die beiden miteinander führen, und nach zwei Wochen kommt es ihnen so vor, als ob sie sich schon ewig kennen würden.

Ralf gibt sich sehr verständnisvoll, und obwohl sich die beiden noch nie real gegenübergestanden haben, zeigt er großes Interesse an Kerstins Leben. Wenn er sie gegen Abend zu Hause nicht telefonisch erreichen kann, versucht er es sofort auf ihrem Handy. Am Anfang lacht Kerstin noch über diese übertriebene Fürsorge, denn Ralf rechtfertigt seine Vorgehensweise natürlich damit, dass er sich Sorgen um sie mache. Nach zwei weiteren Wochen intensiven Telefonkontakts beschließen die beiden, dass Kerstin Ralf besuchen wird.

Sie wohnen etwas über 200 Kilometer auseinander, und Kerstin möchte mit dem Zug zu ihm fahren. Sie verabreden, dass Ralf sie am Bahnhof abholen wird. Es ist zwar geplant, dass sie bei ihm übernachtet, aber vorsorglich hat sich Kerstin auch noch ein Hotelzimmer reserviert. Die beiden fühlen sich zwar schon sehr vertraut, aber ob dies auch noch so sein wird, wenn sie sich leibhaftig gegenüberstehen, wird sich erst zeigen.

Kerstins latent vorhandene Bedenken sind wie weggewischt, als Ralf sie zur Begrüßung in den Arm nimmt und lange und innig küsst. Auch über den üppigen Rosenstrauß, den Ralf ihr noch am Bahnsteig überreicht, freut sich Kerstin sehr. Sofort nimmt er ihr auch die Reisetasche aus der Hand, und als sie Hand in Hand in Richtung Ausgang schlendern, sind Kerstins Zweifel und Ängste gänzlich verflogen.

Das ganze Wochenende wird sie von Ralf zärtlich umsorgt. Fast jeden Wunsch liest er ihr von den Augen ab. Als Kerstin am Sonntagnachmittag wieder die Heimreise antritt, sind sie und Ralf ein Paar.

Fast ein halbes Jahr lang pendeln die beiden an den Wochenenden zwischen ihren Wohnorten hin und her. Unter der Woche telefonieren sie täglich. Das Einzige, was Kerstin wirklich stört, ist die Tatsache, dass Ralf immer ganz genau wissen möchte, was sie den ganzen Tag über gemacht hat, mit welchen Freunden sie unterwegs ist, und dass er, wenn er sie mal nicht gleich erreicht, sehr schnell ungehalten wird und dann tagelang beleidigt ist.

Als sie ihn darauf anspricht, erzählt ihr Ralf fast schon unter Tränen, dass ihn seine Exfrau betrogen und er wahnsinnige Angst habe, dass ihm das noch mal passieren könnte. Kerstin hat daraufhin ein unglaublich schlechtes Gewissen und beschließt, ihm nun wirklich immer genau zu sagen, mit wem sie unterwegs ist. Sie glaubt, dass Ralf mit der Zeit sehen wird, dass er ihr vertrauen kann, und seine Ängste verlieren wird.

Obwohl sie sich schon etwas eingeengt fühlt, informiert sie Ralf fortan über jeden ihrer Schritte, und alles scheint in Ordnung. Nachdem die beiden aber schließlich zusammengezogen sind, erstreckt sich Ralfs Kontrollzwang plötzlich auch auf viele andere Situationen des täglichen Lebens. Kerstin erwischt ihn beispielsweise immer wieder dabei, wie er ihr Handy auf eingegangene Kurznachrichten kontrolliert und die Anruflisten durchforstet. Als sie daraufhin ihr Handy immer bei sich trägt, wirft Ralf ihr vor, dass sie Geheimnisse vor ihm hätte. Kerstin versucht ihm in ruhigem Ton begreiflich zu machen, dass sie sich in ihrer Privatsphäre gestört fühle, aber das bringt Ralf nur noch mehr in Rage.

Auch an ihren Freundinnen hat er plötzlich etwas auszusetzen. Seiner Meinung nach nutzen sie Kerstin nur aus, und ihre beste Freundin hätte ihn sogar angeflirtet, als sie Kerstin zu einem Stadtbummel abholen wollte und diese sich noch im Badezimmer geschminkt hatte. Kerstin traut ihren Ohren nicht und spricht ihre Freundin natürlich sofort darauf an. Diese ist mehr als überrascht und streitet dies natürlich ab. Und obwohl Kerstin es selbst nicht glauben kann, bleibt doch ein letzter Rest an Misstrauen zurück.

Natürlich sprechen sich Ralfs Beschuldigungen in Kerstins Freundeskreis herum, und plötzlich beginnen sich die ersten Freunde zurückzuziehen. Obwohl Kerstin sich in ihrer Beziehung zu Ralf immer unwohler fühlt, verschließt sie nach wie vor die Augen vor all den unangenehmen Dingen, die diese Partnerschaft mit sich bringt. Zu groß sind noch die Gefühle, die sie für diesen Mann empfindet.

Sobald Ralf spürt, dass Kerstin sich zurückzieht oder sie ihn offen auf die Dinge anspricht, die sie stören, verspricht er, sich zu bessern, und verwöhnt sie danach nach Strich und Faden. Er hilft im Haushalt, bringt Kerstin Blumen oder Geschenke mit und lädt sie feudal zum Essen ein. Meist braucht es nicht mehr als zwei bis drei solcher Tage, und Kerstin wirft alle Bedenken wieder über Bord.

Dieses Hin und Her zieht sich über fast ein Jahr hin, bis Kerstin plötzlich merkt, dass sie schwanger ist. Obwohl diese Schwangerschaft nicht geplant ist, freuen sich beide riesig auf das Baby. Gemeinsam kaufen sie die Baby-Erstausstattung, richten liebevoll ein Kinderzimmer ein und besuchen einen Geburtsvorbereitungskurs. Kerstin spürt, dass Ralf wie ausgewechselt ist, und genießt ihre Schwangerschaft in vollen Zügen.

Nachdem ihr Sohn geboren wurde, verschlechtert sich Ralfs Verhalten jedoch wieder drastisch. Kerstin kann ihm nichts mehr recht machen, und schon bei dem geringsten Anlass wird er jähzornig. Sie fühlt sich mit der Situation völlig überfordert und versucht jedem Konflikt aus dem Weg zu gehen. Die ihr noch verbliebenen Freundinnen spüren natürlich, dass mit Kerstin etwas nicht stimmt, und sprechen sie darauf an. Da sie sich zu diesem Zeitpunkt aber selbst noch nicht eingestehen kann, dass es in ihrer Partnerschaft große Diskrepanzen gibt, schweigt sie und schiebt ihr schlechtes Aussehen auf den Stress, den sie mit dem Baby hat.

Als sie vier Monate nach der Geburt ihres gemeinsamen Sohnes mal wieder mit ein paar Freundinnen weggehen möchte, eskaliert die Situation schließlich. Ralf verbietet ihr, die Wohnung zu verlassen, aber Kerstin setzt sich durch und geht trotzdem. Als sie gegen 23 Uhr nach Hause kommt, erwartet Ralf sie bereits im Wohnzimmer. Ohne Rücksicht darauf, dass das Baby schläft, brüllt er Kerstin an, wo sie gewesen sei und warum sie erst jetzt nach Hause komme. Kerstin möchte sich auf keine Diskussion einlassen und versucht an ihm vorbei in das Schlafzimmer zu gehen. Plötzlich spürt sie, wie Ralf sie am Arm festhält, und versucht, sich dem zu entziehen. Sie kann sich zwar befreien, aber dies scheint Ralfs Zorn nur noch mehr anzustacheln, und plötzlich spürt Kerstin einen Schlag in ihr Gesicht. Voller Wut stößt sie Ralf von sich, was ihr aber nur noch mehr Ohrfeigen einbringt.

Irgendwann gelingt es ihr, sich in das Badezimmer zu retten und die Tür hinter sich abzuschließen. Bei einem Blick in den Spiegel erschrickt sie furchtbar. Ihre Wange glüht feuerrot, und aus ihrer Nase rinnt ein feiner Blutstreifen. Kerstin wäscht sich ihr Gesicht mit kaltem Wasser und sinkt erschöpft auf den Rand der Badewanne, wo sie etwas Ordnung in ihre wirren Gedanken bringen will.

Sie soll aber kaum zum Nachdenken kommen, da Ralf von außen immer wieder versucht, die Badezimmertür zu öffnen, nachdem sie auf sein Rufen nicht reagiert. Kerstin hält sich die Ohren zu und beginnt bitterlich zu weinen, als plötzlich das Schreien ihres Sohnes zu ihr durchdringt. Um Kerstin aus dem Badezimmer zu locken, hat Ralf noch nicht einmal davor zurückgeschreckt, seinen eigenen Sohn aus dem Schlaf zu reißen. Er weiß ganz genau, dass Kerstin niemals ihr Kind im Stich lassen würde. Ohne zu zögern, schließt sie die Tür auf und nimmt Ralf behutsam den Säugling aus den Armen.

Ralf sinkt theatralisch auf die Knie. »Es tut mir so leid. Ich weiß auch nicht, wie das passieren konnte. Noch niemals in meinem Leben bin ich einer Frau gegenüber gewalttätig geworden«, schluchzt er.

Kerstin würdigt ihn keines Blickes und geht auf direktem Weg in das Kinderzimmer. Dort legt sie ihren Sohn behutsam in sein Bettchen und bereitet sich dann selbst mit ein paar Babybadehandtüchern aus der Wickelkommode ein Nachtlager auf dem Fußboden. Vorsichtshalber verschließt sie die Zimmertür von innen mit dem Schlüssel. Es scheint eine Ewigkeit zu dauern, bis sie in einen unruhigen Schlaf fällt.

Am frühen Morgen weckt sie das fröhliche Gebrabbel ihres Babys. Kerstin hat wahnsinnige Rückenschmerzen von dem harten Fußboden. Was aber noch viel schlimmer ist, ist der Schmerz in ihrer Seele. Sofort nach dem Aufwachen fallen ihr die schrecklichen Ereignisse des vorangegangenen Abends wieder ein.

Obwohl sich Ralf ja schon nach relativ kurzer Zeit nicht mehr die Mühe gemacht hat, seine bestimmende und jähzornige Art zu verbergen, hat Kerstin bis gestern Abend niemals gedacht, dass er ihr gegenüber jemals handgreiflich werden würde!

Sie würde sich von Ralf trennen. Das steht für Kerstin nun außer Frage. Sie kann und will auf keinen Fall mit einem Mann unter einem Dach leben, der ihr keinen Respekt entgegenbringt und vor dem sie Angst haben muss. Mit diesem festen Vorsatz verlässt sie, mit dem Kleinen auf dem Arm, das Kinderzimmer.

Durch die Küche zieht der Duft von frisch gebrühtem Kaffee, und der Frühstückstisch ist bereits sorgfältig gedeckt. Das Geräusch der Dusche verrät Kerstin, dass Ralf gerade im Badezimmer ist. Ohne das bereitstehende Frühstück noch eines Blickes zu würdigen, macht sich Kerstin daran, ihrem Sohn die Flasche mit seiner morgendlichen Milchmahlzeit zuzubereiten. Sie hat es sich mit dem Kleinen gerade auf dem Sofa gemütlich gemacht, als Ralf kleinlaut das Wohnzimmer betritt.

Zerknirscht wünscht er ihr einen guten Morgen und streicht dem Kleinen liebevoll über den Kopf. Nichts erinnert mehr an den Mann, der gestern Abend so ausfällig geworden ist und schließlich sogar die Hand gegen die Frau erhoben hat, die er doch vorgibt zu lieben.

Kerstin spürt, wie sie bei Ralfs Anblick innerlich zu zittern beginnt. Ralf hat sich mittlerweile auf den freien Sessel gesetzt und beginnt leise, aber eindringlich auf Kerstin einzureden. Wie leid ihm alles tue, dass so etwas nie mehr vorkommen werde, dass er sich selbst nicht erklären könne, wie es so weit hatte kommen können, und dass er alles dafür tun werde, um es wiedergutzumachen. Seine Worte dringen wie durch Watte in Kerstins Ohren. Am liebsten würde sie laut herausschreien, dass er einfach aus ihrem Leben verschwinden soll, aber sie hält sich zurück und schweigt stattdessen.

Als Ralf sieht, dass Kerstin sich auf kein Gespräch einlässt, steht er schließlich auf und verlässt die Wohnung. Einer ersten Eingebung folgend, greift Kerstin zum Telefonhörer, um ihre beste Freundin anzurufen und ihr von den jüngsten Ereignissen zu berichten. Bevor sie aber die Nummer wählt, hält sie kurz inne und lässt den Hörer wieder sinken. Nein, diese Blöße würde sie sich nicht geben. Alle ihre Freundinnen hatten sie vor Ralf gewarnt, und sie hatte diese Warnungen in den Wind geschlagen. Nun konnte sie doch nicht einfach so anrufen und zugeben, dass sie recht gehabt hatten.

In Kerstins Kopf beginnt sich alles zu drehen. Sie hat keine Ahnung, wie es jetzt weitergehen soll. Sie ist ja in jeder Hinsicht von Ralf abhängig. Seit der Geburt des Kleinen ist sie in Erziehungsurlaub und somit fast ohne Einkommen. Der Mietvertrag der Wohnung ist auf sie beide ausgestellt, und ein Großteil der Möbel, die sie sich neu angeschafft haben, hat Ralf bezahlt. Was ihr bleiben würde, wäre am Schluss der Gang auf das städtische Sozialamt …

Voller Verzweiflung lässt Kerstin ihren Kopf in ihre Hände sinken und beginnt bitterlich zu weinen. Als sie plötzlich einen Schlüssel in der Haustür hört, wischte sie sich schnell die Tränen aus dem Gesicht. Sie will unter keinen Umständen, dass Ralf sie so schwach und verzweifelt sieht. Sie hat ihre Tränen gerade getrocknet, als Ralf mit einem riesigen Strauß roter Rosen das Wohnzimmer betritt. Er legt ihr die Blumen auf den Schoß und kniet vor ihr nieder. Behutsam nimmt er ihre Hand und bittet sie um Verzeihung – eins ums andere Mal.

Doch dieses Mal ist Kerstin gewappnet und bittet ihn ruhig darum, sie jetzt erst einmal in Ruhe zu lassen. Sie gaukelt ihm vor, sich überlegen zu wollen, ob sie sich wirklich von ihm trennen will. Und Ralf schöpft neue Hoffnung und lässt tatsächlich von ihr ab. In Wirklichkeit will Kerstin nur Zeit gewinnen, um sich eine neue Lebensgrundlage zu schaffen.

Die nächsten Tage verbringt sie damit, sich durch das Internet und die aktuellen Tageszeitungen zu wühlen, um nach einer bezahlbaren Wohnung zu suchen. Die Ausbeute ist jedoch mehr als mager. Entweder liegen die Wohnungen in Wohngegenden, in der man nicht unbedingt seine Kinder aufwachsen sehen möchte, oder die Wohnungen sind schlichtweg nicht bezahlbar. Auch kann sie nicht rund um die Uhr suchen, denn um keine Diskussionen heraufzubeschwören, beschränkt Kerstin ihre Suche auf die Zeit, in der Ralf an seinem Arbeitsplatz ist.

Das Verhältnis zwischen den beiden ist zwar nach wie vor angespannt, aber doch schon spürbar ruhiger als am Tag nach der Prügelattacke. Ralf gibt sich wirklich die größte Mühe, seinen furchtbaren Fehler wiedergutzumachen, und trägt Kerstin buchstäblich auf Händen. Sobald er zu Hause ist und sich umgezogen hat, spielt er liebevoll mit seinem Sohn. Nach dem Abendessen räumt er den Tisch ab, und er lässt es sich auch nicht nehmen, den Kleinen selbst bettfertig zu machen. Zuvor macht er Kerstin noch ihren heiß geliebten Kaffee und bittet sie, es sich auf dem Sofa gemütlich zu machen.

So langsam fühlt sich Kerstin wieder sicher, und ihr wird bewusst, wie sie immer öfter an die erste Zeit ihres Zusammenseins zurückdenken muss, denn damals hatte sich Ralf ähnlich liebevoll verhalten. Sie ertappt sich sogar dabei, dass sie Ralf gedanklich in Schutz nimmt. Was wäre denn, wenn er sich wirklich nur deshalb so negativ verändert hätte, weil er Angst hat, sie zu verlieren? Dadurch, dass seine Exfreundin ihn ja betrogen hatte, wie Ralf ihr erzählt hat, hat er sicherlich einen großen psychischen Knacks abbekommen. Sie muss mit Ralf einfach noch einmal darüber reden. Wenn er ihr wirklich hoch und heilig verspricht, niemals mehr eine Hand gegen sie zu erheben, dann will sie ihm noch eine zweite Chance geben. Heißt es denn nicht, dass jeder eine zweite Chance verdient hat?

Ellen und Cemal – eine bikulturelle Beziehung: Teil I

Das dritte Mal hintereinander hat Ellen ihrem türkischen Arbeitskollegen Cemal nun schon einen Korb gegeben, als er sie nach der Arbeit zum Eisessen einladen will. Sie findet ihn zwar attraktiv und sympathisch, aber ihre letzte Beziehung ist erst vor drei Monaten in die Brüche gegangen, und sie hat die Trennung immer noch nicht so ganz überwunden. Cemal nimmt ihre Absage jedes Mal mit einem traurigen Lächeln hin, scheint es ihr aber auch nicht wirklich übel zu nehmen. Trotzdem tut er Ellen fast schon ein bisschen leid, und sie nimmt sich vor, seine nächste Einladung nicht auszuschlagen. Was ist denn schon dabei, wenn sie mit ihm nach Feierabend ein Eis essen geht? Sie muss ihn ja nicht gleich heiraten, sagt sie sich, und ein bisschen Abwechslung wird ihr bestimmt auch guttun.

Lange muss sie nicht warten, und Cemal wagt einen neuen Vorstoß. Bereits zwei Tage später sitzen sie sich dann bei einem riesigen Fruchteisbecher gegenüber. In der Firma hatten sie bisher immer nur über Belanglosigkeiten gesprochen, aber hier, in ungezwungener Atmosphäre, wird Cemal richtig gesprächig. Er erzählt ihr, dass seine Eltern bereits vor 35 Jahren nach Deutschland gekommen sind und er und seine fünf Geschwister alle hier geboren wurden. Die Türkei kennt er nur von den regelmäßigen Sommerurlauben, die er dort verbracht hat, weil ein kleiner Rest seiner Familie dort noch lebt.

Wie gebannt hört Ellen ihm zu. Sie fühlt sich in seiner Gegenwart sehr wohl, und als er sie nach Hause bringt und um ein Wiedersehen bittet, zögert sie keine Sekunde und willigt ein. Von da an treffen sie sich regelmäßig, und es dauert keine zwei Monate, und Ellen verliebt sich in den hübschen jungen Türken.

Cemal hat Ellen seine Gefühle bereits nach dem dritten Treffen gestanden, aber nachdem Ellen ihm zu verstehen gegeben hat, dass sie einfach noch Zeit brauche, um für eine neue Beziehung offen zu sein, akzeptiert er dies, ohne sie weiter zu bedrängen.

Dieses Verhalten gefällt Ellen. Überhaupt behandelt Cemal sie mit großem Respekt und einer Rücksichtnahme, die sie so aus ihren vorherigen Beziehungen nicht kennt.

An dem Tag, an dem Ellen Cemal zu verstehen gibt, dass sie seine Gefühle nun erwidert, verspricht er ihr, sie auf Händen zu tragen. Ellen macht sich zu diesem Zeitpunkt nicht eine Sekunde lang Gedanken darüber, dass die verschiedenen Kulturen, aus denen sie stammen, vielleicht zu einem Problem werden könnten, denn schließlich ist Cemal hier geboren, und so, wie sie es bisher mitbekommen hat, ist er hier bestens integriert.

Doch es dauert nicht lange, und die ersten Probleme tauchen auf: Cemal verlangt von ihr, dass sie ab sofort kein Schweinefleisch mehr essen darf, da dies unrein und in seiner Religion verboten sei. Natürlich weiß Ellen, dass Cemal der muslimischen Religion angehört, aber da sie ihn bis dahin niemals hat beten oder auf andere Art und Weise seine Religion ausleben sehen, ist sie doch sehr überrascht ob dieser unmissverständlichen Forderung.

Seine Forderung wird ihre erste ernsthafte Auseinandersetzung, denn Ellen ist keineswegs dazu bereit, auf diesen Genuss zu verzichten. Sie liebt grobe Bratwürstchen, und mindestens zweimal die Woche holt sie sich zum Frühstück ein Leberkäsebrötchen in der Kantine. Cemal ist aber ebenfalls nicht dazu bereit, von seiner Forderung abzurücken, und gibt ihr zu verstehen, dass er sie zukünftig nicht mehr küssen will, wenn sie seinem Wunsch nicht nachkommt. Angesichts dieser so offensichtlichen Erpressung zieht es Ellen fast den Boden unter den Füßen weg, und sie schaltet auf stur. Cemal zieht seine Ankündigung konsequent durch, und wann immer er in den nächsten Wochen sieht, dass Ellen in irgendeiner Form Schweinefleisch zu sich nimmt, verzieht er angewidert sein Gesicht und erwartet, dass sie sich zunächst die Zähne putzt, bevor er wieder irgendwelche Zärtlichkeiten mit ihr austauscht. Ganze vier Wochen hält Ellen diesen Zustand durch, bevor sie kapituliert und Cemal das Versprechen gibt, zukünftig jegliche Form des unreinen Fleisches zu meiden.

Natürlich fällt ihren Arbeitskolleginnen auf, dass Ellen nicht mehr wie üblich in den Frühstückspausen zum Leberkäsebrötchen greift. Auf die Frage, warum sie nun stattdessen nur noch Fisch- oder Käsebrötchen isst, antwortet sie, dass sie von Schweinefleisch plötzlich immer Magenschmerzen bekommen würde. Ellen weiß selbst nicht, warum sie diese Frage nicht ehrlich beantwortet, sondern sich stattdessen in eine Ausrede flüchtet. Cemal scheint überglücklich, dass Ellen sich hat umstimmen lassen, und alles scheint wieder in Ordnung zu sein.

Sie verbringen wundervolle Monate miteinander, und irgendwann beschließen sie, in eine gemeinsame Wohnung zu ziehen. Zuvor will Cemal aber Ellen gerne seine Familie vorstellen, denn bis zu diesem Zeitpunkt kennt sie diese nur aus Cemals Erzählungen. Er will sich erst sicher sein, dass es mit ihnen auch etwas Ernstes sei, hatte er seine Zurückhaltung diesbezüglich begründet.

Als das erste Familientreffen ansteht, ist Ellen sehr aufgeregt. Sie hat schon so viel von Cemals Eltern, Brüdern und Schwestern gehört, sodass sie fast schon das Gefühl hat, sie zu kennen, obwohl sie sie noch nie gesehen hat.

Ellen besorgt am Morgen noch einen bunten Blumenstrauß bei ihrem Lieblingsfloristen und bekommt von Cemal noch eine kurze Einweisung in die wichtigsten türkischen Verhaltensweisen. Er bittet Ellen unter anderem, vor seiner Familie nicht zu rauchen, da dies seinen Eltern gegenüber respektlos sei. Viele seiner Schwestern und Cousinen würden rauchen, aber dies würden sie bei Verwandtenbesuchen immer nur heimlich auf der Toilette tun. Ellen könne sich dann ja gerne anschließen. Auch sei es wichtig, dass sie nicht zu laut und herzhaft lache, da dies in seiner Kultur als vulgär angesehen werde, und es sei auch wichtig, dass sie die männlichen Familienmitglieder auf keinen Fall anstarren dürfe, da dies als Provokation aufgefasst werden könnte. In Anbetracht dieser ganzen Verhaltensregeln überlegt Ellen ernsthaft, ob sie nicht lieber kurzfristig auf den geplanten Besuch verzichten soll. Das hört sich nicht gerade nach einem entspannten Nachmittag an. Als sie Cemal ihre Bedenken mitteilt, lacht dieser herzhaft und nimmt Ellen in den Arm. Kurz darauf findet sie sich schon im Wohnzimmer von Cemals Eltern wieder und wird neugierig von der anwesenden Familie begutachtet.

Ellen wird durchaus herzlich in die Familie aufgenommen, aber Cemals Mutter kann es sich nicht verkneifen, Ellen wissen zu lassen, dass sie eigentlich lieber eine türkische Schwiegertochter hätte. Ellen spürt, wie ihr bei diesen Worten eine leichte Röte ins Gesicht steigt, und sie muss sich beherrschen, keinen bissigen Kommentar zu dieser Äußerung abzugeben. So beschränkt sie sich darauf, Cemal einen Hilfe suchenden Blick zuzuwerfen, den dieser aber gekonnt ignoriert. Somit bleibt Ellen nichts anderes übrig, als diesen Seitenhieb zu schlucken.

Cemals Mutter hingegen beginnt sehr höflich und freundlich, aber dennoch sehr bestimmt, Ellen auszufragen: wie viele Freunde sie schon hatte, ob sie sich Kinder wünsche, was sie für eine Ausbildung absolviert habe, wie viele Geschwister sie habe und ob ihre Eltern noch verheiratet oder schon – wie in Deutschland ja üblich – geschieden seien und noch vieles mehr …

Ellen beantwortet alle Fragen wahrheitsgemäß, obwohl sie sich insgeheim über diese Unverfrorenheit ärgert. So hat sie sich den Besuch nicht vorgestellt. Bevor Cemals Mutter aber noch weitere unangenehme Fragen stellen kann, greift sein Vater ein. Mit einem Augenzwinkern fragt er seine Frau, ob sie denn nicht bemerke, dass Ellen schon ganz unruhig auf ihrem Stuhl hin und her rutsche. Seine anwesenden Schwestern können ebenfalls ein Kichern nicht unterdrücken. Cemals älteste Schwester Selma streicht Ellen aufmunternd über den Arm und meint, sie solle sich nicht verunsichern lassen, ihre Mutter sei nicht immer so.

Beim anschließenden gemeinsamen Essen ist die Stimmung dann schon ungezwungener. Jeder redet und lacht durcheinander, und Ellen ist schier erschlagen von den vielen verschiedenen aufgetischten Speisen. Es gibt Unmengen an Salat und Gemüse, Suppe, verschiedene Fleischsorten, Fladenbrot, Oliven, Schafskäse und Obst. Nach dem Essen wird der traditionelle türkische Çay serviert.

Obwohl die Familie schon so lange in Deutschland lebt und die Kinder hier geboren sind, spürt Ellen sofort, dass die Familie großen Wert auf die Einhaltung der in der türkischen Kultur üblichen Traditionen und Rituale legt. Dies kann man schon alleine an dem

Kleidungsstil der Frauen der Familie sehen. Obwohl keine von ihnen ein Kopftuch trägt, sind sie durchweg so angezogen, was wir züchtig oder sogar bieder nennen. Alle tragen gedeckte Farben, keine weiten Ausschnitte, und auch die Hosen sind weit und alles andere als figurbetonend geschnitten – ganz anders als die deutschen Frauen. Auch die Wohnungseinrichtung hat kaum Ähnlichkeit mit den in Deutschland üblichen Einrichtungen.

Ellen sieht wenig Möbel, dafür aber viele bunte Teppiche und unzählige Bilder an der Wand, die allesamt die Kaaba (ein quaderförmiges Gebäude und das zentrale Heiligtum des Islam) zeigen, sowie Unmengen an kitschigen Plastikblumen und goldverzierten kleinen Plastiktischdeckchen. Nein, das ist ganz sicher keine Umgebung, in der Ellen sich wohlfühlt, und sie ist heilfroh, dass Cemal doch schon eher den europäischen Einrichtungsstil bevorzugt.

Ein paar Wochen nach dem Besuch werden Ellen und Cemal fündig. Sie haben eine bezahlbare Dreizimmerwohnung gefunden, die sogar einen kleinen Balkon besitzt und nicht weit von dem Stadtteil liegt, in dem auch Cemals Familie lebt. Dadurch wird zwar der tägliche Weg zur Arbeit etwas länger, und auch die Entfernung zu Ellens Eltern ist nun etwas größer, aber das nahmen beide gerne in Kauf, da die Wohnung wirklich genau ihren Vorstellungen entspricht. Außerdem können sie nun gemeinsam zur Arbeit fahren, was darüber hinaus die Benzinkosten erheblich reduziert.

Die Zeit, in der Ellen und Cemal die Wohnung einrichten, wird später in ihrer Erinnerung zu der schönsten Phase ihrer Beziehung gehören. Es sind unbeschwerte Tage, und sie freuen sich beide wie zwei kleine Kinder auf ihr gemeinsames Domizil.

Im Nachhinein kann Ellen gar nicht mehr genau sagen, zu welchem Zeitpunkt Cemal begonnen hat, sein Verhalten ihr gegenüber zu verändern. Es muss ein paar Wochen nach dem ersten Besuch bei seinen Eltern gewesen sein. Plötzlich kann Ellen ihm nichts mehr recht machen. Auf einmal sind ihm ihre T-Shirts zu weit ausgeschnitten, dann ist ihm ihr Make-up zu dick aufgetragen, und ein wieder anderes Mal hat sie beim Stadtbummel zu intensiv nach anderen Männern geschaut.

Am Anfang zeigt sich Ellen fast schon amüsiert über Cemals übertriebene Eifersucht, aber bald schon fühlt sie sich einfach nur noch genervt und eingeengt. Wenn sie sich dann gegen ihn auflehnt, bringt dies meist stundenlange Diskussionen mit sich, und am Ende zeigt sich Cemal beleidigt und unversöhnlich. Nie kann Ellen den Blick vergessen, den Cemal ihr zugeworfen hat, als sie einmal im Streit davon spricht, dass sie sich doch besser wieder trennen sollten, falls es so weitergehen sollte. Unmissverständlich hat er ihr daraufhin klargemacht, dass er sie nun schließlich schon seiner Familie vorgestellt habe und er sich von ihr nicht zum Esel machen lassen würde. Ellen glaubt ihren Ohren nicht zu trauen. Sie erklärt ihm, dass es ihr ziemlich egal sei, was seine Familie von ihr denke. Cemals Reaktion darauf gleicht einem Vulkanausbruch. Er schreit und tobt, sodass Ellen ernsthaft befürchtet, er würde gleich auf sie losgehen. Völlig verschreckt schließt sie sich im Badezimmer ein und weint bittere Tränen. Als Cemal sich beruhigt hat, bittet er sie inständig um Verzeihung. Er entschuldigt seinen Wutausbruch mit dem Umzugsstress und verspricht Ellen hoch und heilig, dass er sie nie wieder so anschreien werde. In seiner Stimme liegt so etwas Überzeugendes, dass Ellen nicht zögert, sich wieder mit ihm zu versöhnen.

Eine ganze Weile kehrt wieder Ruhe ein, bis zu dem Zeitpunkt, an dem Ellen zum Einkaufen geht und ihr Handy zu Hause vergisst. Als sie kurz darauf voll bepackt mit Einkaufstaschen in die gemeinsame Wohnung zurückkehrt, begrüßt Cemal sie in einem frostigen Tonfall. Er hat die Zeit genutzt und ihre SMS-Nachrichten gelesen.

»Wer ist Frank, und warum hat er deine Handynummer?«, fragt er mit einer Schärfe, die Ellen unwillkürlich zusammenzucken lässt. Sie versucht ihm so ruhig wie möglich zu erklären, dass es sich bei Frank um einen früheren Mitschüler handelt, zu dem sie in all den Jahren immer den Kontakt gehalten hat. Trotzdem kann sie nicht verhindern, dass ihre Stimme fast unmerklich zittert. Sie hat gerade ihren Erklärungsversuch beendet, als auch schon das reinste Feuerwerk an Beschimpfungen über ihr explodiert. Cemal ist völlig außer sich. Ellen wendet ein, dass sie und Frank ja lediglich Freunde seien, worauf Cemal vor ihr auf den Fußboden spuckt. »Denkst du, ich bin blöd, Ellen? Es gibt keine Freundschaft zwischen Mann und Frau ohne irgendwelche Hintergedanken!« Er schnauft verächtlich. »Zumindest nicht in meiner Kultur«, schiebt er als Argument hinterher.

Ellen kann seine ständige Bevormundung nicht mehr ertragen und will diesmal nicht wieder einfach schweigen. »In meiner Kultur gibt es das schon, und ich lasse mir das auch nicht von dir verbieten«, antwortet sie trotzig.

Cemals Augen verengen sich zu kleinen Schlitzen, bevor er ohne Vorwarnung Ellens Handy nimmt und es mit voller Wucht gegen die Wand schmeißt. Ellen kann es nicht fassen, dass er das wirklich getan hat, und beginnt zu toben.

»Bist du denn komplett übergeschnappt?«, schreit sie ihn an und geht in die Hocke, um die einzelnen Teile ihres Mobiltelefons zusammenzusuchen. Plötzlich spürt sie, wie Cemal ihr von hinten gegen den Kopf schlägt. Sie verliert das Gleichgewicht, kippt vornüber und knallt mit der Stirn gegen die Wand. Als sie sich mühsam hochgerappelt hat, schlägt er ihr mit der flachen Hand noch mehrmals ins Gesicht.

»Vielleicht ist dir jetzt ein für alle Mal klar, wer hier in unserer Beziehung das Sagen hat«, brüllt er dabei mit hasserfüllter Stimme. Ellen spürt, wie ihr die Tränen in die Augen schießen. Sie weiß nur nicht, ob vor Schmerz oder aus Wut darüber, dass ihr geliebter Freund sie geschlagen hat. Wortlos dreht sie sich um und verlässt die Wohnung. Zu ihrem eigenen Erstaunen hindert Cemal sie auch nicht daran.

Einem ersten Impuls folgend, will Ellen eigentlich ihre beste Freundin aufsuchen, lässt es dann aber doch bleiben. Sie ist einfach nicht bereit, nach außen hin das banale Klischee zu bedienen, dass ihr türkischer Freund sie geschlagen hat. Stattdessen irrt sie stundenlang völlig ziellos durch die Stadt. Hin und wieder spürt sie, dass ihr einzelne Tränen über ihr Gesicht kullerten. Es ist ihr gleichgültig, ob andere Passanten das sehen oder nicht. Ihre Lage erscheint ihr mehr als aussichtslos. Was soll sie sich da noch darum kümmern, was andere Menschen von ihr denken? Ausgerechnet jetzt, wo sie ihre Wohnung aufgegeben und einen Großteil ihrer Möbel verschenkt hat, weil Cemal der Meinung gewesen war, dass zu einem gemeinsamen Neustart auch die Anschaffung von gemeinsamen Möbeln gehören würde. Es würde ihr am Ende doch nichts anderes übrig bleiben, als bei ihrer Freundin Farbe zu bekennen und sie um Hilfe zu bitten. Ellen strafft ihre Schultern. Aber heute, nein, heute hat sie dazu nicht mehr die Kraft.

Als sie irgendwann spürt, wie ihr die Kälte in die Glieder kriecht, tritt sie widerwillig den Heimweg an. Als sie die Wohnung betritt, gleicht diese einem Lichtermeer. Cemal hat überall Kerzen brennende Kerzen aufgestellt. Mit Tränen in den Augen bittet er sie um Verzeihung und beteuert immer wieder, dass so etwas niemals mehr vorkommen würde. Eher wolle er sich seine Hände abhacken lassen, bevor er Ellen nochmals schlagen würde, schluchzt er theatralisch. Ellen fühlt, wie ihr Herz wie wild zu klopfen beginnt. Natürlich liebt sie Cemal noch immer. Sie würde lügen, wenn sie etwas anderes behaupten würde.

Einfach bleiben und ihm zu glauben wäre der einfachste Weg. War sie nicht auch ein klitzekleines bisschen selbst schuld, dass er so ausgerastet ist? Sie weiß doch, dass er sehr eifersüchtig ist. Warum hat sie die SMS von Frank nicht einfach gelöscht? Ihr Verstand sagt ihr zwar, dass niemand das Recht hat, einem Menschen körperliche Gewalt anzutun, und es das Beste wäre, sofort einen Schlussstrich unter diese Beziehung zu ziehen, aber ihr Gefühl spricht eindeutig eine andere Sprache, und so findet sie sich kurze Zeit später in Cemals Armen wieder.

Ich befand mich in einem Schockzustand!

Was passiert in der Psyche des Opfers, wenn der Partner das erste Mal Gewalt anwendet, und wie wirkt sich das auf das weitere Verhalten aus?

Die meisten Frauen, die das Opfer von häuslicher Gewalt werden, beschreiben ihren Zustand direkt nach der ersten Gewalterfahrung als schockähnlich. Der Mensch, der einem nahe war, den man liebte und dem man voll vertraute, fügt einem selbst plötzlich körperliche Leiden zu. Dies ist, als ob man den Boden unter den Füßen weggerissen bekäme, und nichts ist mehr so, wie es vorher war.

Die erste Reaktion ist natürlich der Gedanke an Flucht. Man kann sich unter keinen Umständen eine Weiterführung der Ehe oder Partnerschaft vorstellen, und innerhalb von Minuten sind dann oft schon die Koffer gepackt. Zumindest in Gedanken. Verständlicherweise möchte man so schnell wie möglich weg von dem Menschen, der einem so etwas angetan hat.

Nach den ersten Tränen kommt dann meist auch noch eine unbändige Wut hinzu, die dem Opfer eine fast schon ungezügelte Kraft verleiht. Der gewalttätig gewordene Partner zeigt sich aber zu diesem Zeitpunkt in der Regel schon reumütig und versucht sich zu erklären. Er wird alles daransetzen, seinem Opfer klarzumachen, dass es sich um einen einmaligen Ausrutscher handele und so etwas selbstverständlich nie mehr vorkommen werde.

Zunächst wird der Täter mit seinen Beteuerungen noch auf taube Ohren stoßen. Bleibt er aber beharrlich und überzeugend, so hat er in der Regel Erfolg und wird von seinem Partner, seiner Partnerin eine zweite Chance bekommen.

Warum ist das so?

Nachdem die erste Wut verraucht ist, wird das Opfer realisieren, was eine Trennung in letzter Konsequenz bedeutet. Meist sind das der Verlust der Wohnung, die Aufgabe des sozialen Umfeldes, finanzielle Probleme, das Alleinsein und, wenn auch noch gemeinsame Kinder vorhanden sind, die Aussicht, sich als alleinerziehende Mutter durchschlagen zu müssen, sowie die Angst, dass auch die Kinder unter einer Trennung leiden. Meist überwiegt dann der Wunsch, den Kindern die »intakte« Familie zu erhalten.

Hier muss aber ganz klar gesagt werden: Eine Familie, in der ein Mitglied gewalttätig wird, ist nichts, was es sich zu erhalten lohnt!

Wenn man sich nun all die Konsequenzen vor Augen führt, die eine Trennung mit sich bringt, erscheint es einem zunächst wesentlich einfacher, seinem Partner Glauben zu schenken und darauf zu hoffen, dass er wirklich nie wieder die Hand erheben wird. Darüber hinaus kommt noch ein weiterer Punkt hinzu: Je länger eine Gewaltattacke zurückliegt, umso unwirklicher erscheint sie dem Opfer. Das kann sogar so weit gehen, dass man irgendwann das Gefühl hat, als ob man selbst nie von häuslicher Gewalt betroffen gewesen wäre.

Kommt es dann zu einem späteren Zeitpunkt erneut zu einem tätlichen Übergriff, erlebt die Psyche einen weiteren Einbruch. Nicht nur die erneute Gewalterfahrung lässt das Opfer seelisch zusammenbrechen, auch der weitere Vertrauensverlust dem prügelnden Partner gegenüber hinterlässt tiefe Spuren. Schließlich hat man auf sein Wort, dass es sich bei der ersten Gewaltattacke um einen einmaligen Ausrutscher gehandelt hat, vertraut und daran geglaubt.

Zu diesem Zeitpunkt kommt noch ein weiterer Aspekt hinzu: Der Täter weiß, dass er mit dem Argument des »Ausrutschers« nun nicht mehr punkten kann, und sucht sich eine neue Strategie. Die wird in der Regel so aussehen, dass er nun versuchen wird, dem Opfer die Schuld für seine Gewalttätigkeit zuzuweisen. Er wird herumjammern, dass Sie – das Opfer – ja selbst schuld seien und es, wenn Sie dieses oder jenes nicht gemacht hätten, ja niemals so weit gekommen wäre, dass er erneut gewalttätig wurde.

Da Sie sich zu diesem Zeitpunkt bereits in einem desolaten psychischen Zustand befinden, werden solche Äußerungen Sie in eine weitere Krise stürzen, und erste Zweifel, die Sie sich selbst fragen lassen, ob Sie nicht vielleicht wirklich einen Teil der Schuld tragen, werden sich in Ihrem Kopf manifestieren. Diese Gedanken wird Ihr Partner natürlich noch nähren, und oft kommen dann noch verbale Demütigungen hinzu. Zu diesem Zeitpunkt hat der Gewalt ausübende Partner schon jeglichen Respekt Ihnen gegenüber verloren, und Sie werden wahrscheinlich solche Dinge wie »Du bist doch blöd!«, »Du bist zu nichts zu gebrauchen!«, »Du bist hässlich!«, »Sei froh, dass ich dich überhaupt genommen habe!« zu hören bekommen.

Das Fatale daran ist: Wenn man einem Menschen nur lange genug etwas einredet, glaubt er es schließlich irgendwann wirklich selbst, und so werden Sie nach und nach Ihr Selbstvertrauen und Ihre Stärke verlieren, bis Sie schließlich nur noch ein Schatten Ihrer selbst sind.

Auch Saskia ist durch eine Gewaltbeziehung gegangen und hat sich in dieser Schuldzuweisungen anhören müssen. Doch sie hat es geschafft, sich zu befreien. Doch lesen Sie, wie sie selbst ihre Geschichte erzählt.

Von der Ohrfeige über Vergewaltigung zu Morddrohungen: Saskia erzählt

Den genauen Zeitpunkt, an dem es in ihrer Ehe das erste Mal zu einer gewalttätigen Handlung kam, konnte mir Saskia, 32 Jahre, zwei Kinder im Alter von sieben und neun Jahren, gar nicht mehr nennen. Während unseres ersten Gesprächs ist die junge Frau sichtlich nervös und rutscht unruhig auf ihrem Stuhl hin und her. Das erste Mal, so sagt sie, habe ihr Mann ihr lediglich eine Ohrfeige verpasst, und obwohl sie zunächst sehr schockiert war, habe sie kein Drama daraus machen wollen. »Wissen Sie, wir hatten gerade unser Haus gebaut, und die Nerven lagen bei uns beiden blank, da kann so etwas schon mal passieren, dachte ich.«

Lange Zeit ging dann auch wieder alles gut, und Saskia hatte den Vorfall längst vergessen, als ihr Mann eines Abends schwer alkoholisiert nach Hause kam und mit Saskia schlafen wollte. »Ich hatte einen stressigen Tag gehabt, denn unser Jüngster hatte gerade die Windpocken und war den ganzen Tag nur am Weinen und Quengeln. Mir stand nicht der Sinn nach Sex, und so habe ich meinen Mann abgewiesen.« Das wollte sich dieser aber nicht gefallen lassen und begann plötzlich ohne Vorwarnung auf seine Frau einzuschlagen. Dann zerrte er sie an den Haaren ins Schlafzimmer und vergewaltigte sie noch auf dem Fußboden.

»In diesem Moment fühlte ich mich wie tot«, schilderte Saskia die schlimmste Zeit ihres Lebens. »Natürlich war mein erster Gedanke, meinen Mann zu verlassen, aber wo hätte ich denn hingesollt? Wir hatten gerade gebaut, die Kinder waren klein und ich noch im Erziehungsurlaub, ohne ein großartiges eigenes Einkommen.«

Die Vergewaltigung an diesem Abend war allerdings erst der Einstieg in die Gewaltspirale. Nachdem ihr Mann sah, dass Saskia ihn trotz der schlimmen Dinge, die er ihr angetan hatte, nicht verließ, verlor er jede Hemmung und begann sie für die kleinsten Fehler und »Vergehen« zu schlagen. Auch sexuell hatte sie immer zur

Verfügung zu stehen, sonst nahm er sich eben mit Gewalt, was er von seiner Frau nicht freiwillig bekommen konnte.

Während ich Saskia so zuhöre, spüre ich, wie mir ein Schauer nach dem nächsten den Rücken hinunterläuft. Viele solcher Geschichten habe ich im Laufe der letzten Jahre zu hören bekommen, und viele betroffene Frauen konnte ich aus solchen Beziehungen retten, aber trotzdem gibt es immer wieder Fälle, die mir aufgrund ihres hohen Brutalitätspotenzials besonders an die Nieren gehen. So eben auch Saskias Geschichte.

Auf meine Frage, ob sie denn versucht habe, von Freunden oder ihrer Familie Hilfe zu bekommen, schaut sie mich mit großen Augen an. »Ja, natürlich hab ich am Anfang mit meinen Eltern darüber gesprochen, aber als mein Vater dann meinen Mann zur Rede gestellt hat, hat er gelogen und mich als die Schuldige hingestellt. Ich würde die Kinder verwahrlosen lassen, würde den ganzen Tag nur auf dem Sofa liegen und Fernsehen schauen, und wenn er nach einem langen Arbeitstag dann nach Hause käme, würde es noch nicht mal etwas Warmes zu essen geben. Natürlich hat mein Vater das nicht geglaubt. Erstens wusste er, dass ich schon immer fleißig war, und zweitens kamen meine Eltern auch öfter mal unangemeldet zu uns nach Hause, und da sahen sie ja, dass es bei uns immer sauber war und auch meine Kinder immer gepflegt waren.« Saskia holt tief Luft, bevor sie weiterspricht: »Als mein Vater dann nach Hause gefahren war, hat mein Mann mich fürchterlich verprügelt und mich dann anschließend ins Badezimmer gezerrt. Dort hat er dann meinen Kopf in die Toilettenschüssel gedrückt und immer wieder die Wasserspülung betätigt. Ich dachte, ich müsse ersticken, weil ich mich vor lauter Aufregung auch noch übergeben musste.

Anschließend hat mein Mann mir gedroht, dass, wenn ich noch jemals irgendjemandem erzählen würde, dass er mich schlägt, er mich, die Kinder und die Person, der ich es erzählt hätte, umbringen würde. Natürlich habe ich ab dem Zeitpunkt geschwiegen. Ich wollte ja nicht meine Kinder oder andere unschuldige Personen in Lebensgefahr bringen.«

Bei ihren letzten Worten greift Saskia zu der Kaffeetasse, die vor ihr steht, und als sie die Tasse zum Mund führt, sehe ich, wie sehr ihre Hände zittern. Das Erlebte sitzt noch tief in ihrer Seele. Nachdem sie einen Schluck getrunken hat, erzählt sie aber bereitwillig weiter. Ich spüre, dass es ihr guttut, über ihre Geschichte zu sprechen. Viel zu lange musste sie schweigen. »Irgendwann kam dann der Zeitpunkt, an dem ich lieber sterben wollte, als so weiterzuleben. Als meine Kinder in der Schule und im Kindergarten waren, habe ich noch einen Abschiedsbrief geschrieben und dann wahllos alle Tabletten in mich gestopft, die ich in unserer Hausapotheke finden konnte. Anschließend habe ich mich ins Bett gelegt und auf den erlösenden Tod gewartet. Bevor ich aber völlig das Bewusstsein verlor, sah ich plötzlich die Gesichter meiner Kinder vor mir, und mir wurde klar, dass, wenn ich jetzt sterben würde, sie bis zu dem Zeitpunkt, zu dem sie erwachsen sein würden, bei ihrem perversen Vater leben müssten. Das wollte und konnte ich nicht verantworten, und so habe ich noch mit letzter Kraft meine Mutter angerufen. Das Nächste, was ich dann wieder weiß, ist, dass ich in einem Krankenhaus zu mir gekommen bin. Meine Mutter hat mir wohl das Leben gerettet, und das in vielerlei Hinsicht.« Ein zaghaftes Lächeln umspielt Saskias hübsches Gesicht. »Den Ärzten dort habe ich dann endlich die ganze Wahrheit über mein jahrelang andauerndes Martyrium erzählt, und die haben veranlasst, dass ich von der Klinik direkt in die Psychiatrie verlegt wurde, sobald es mir gesundheitlich besser ging. Meine Eltern haben in dieser Zeit das Jugendamt eingeschaltet und durften dann meine Kinder für die Zeit meiner Therapie zu sich nehmen und betreuen. Meinen Mann habe ich noch aus der Klinik heraus angezeigt, und er hatte auch seitens der Klinikleitung ein Hausverbot, sodass nicht die Gefahr bestand, dass er mich wieder einschüchtern konnte.

Während ich langsam wieder auf die Beine kam, haben meine Eltern mir in ihrer Nähe eine Wohnung gesucht, und meine früheren Freunde haben beim Renovieren geholfen. Jeder hat noch ein paar Möbel zusammengesucht, denn ich wollte nichts aus unserem Haus mitnehmen, um nicht an die schlimme Zeit erinnert zu werden. In dieser Wohnung lebe ich nun glücklich und zufrieden, und meine Jungs sind auch wie ausgewechselt. Die haben ja auch sehr darunter gelitten, dass es mir immer so schlecht ging. Einmal die Woche besuche ich noch meine Therapeutin, denn dort lerne ich, meine Vergangenheit zu bewältigen und positiv in die Zukunft zu blicken.« Bei diesen Worten geht ein Strahlen über das Gesicht der jungen Frau und ihre Augen bekommen einen ganz besonderen Glanz, der eine unbändige Lebensfreude ausstrahlt.

Trotzdem muss ich ihr noch eine unangenehme Frage stellen: »Was ist denn bei der Anzeige herausgekommen, die Sie gegen Ihren Mann gestellt haben, und hat er noch regelmäßigen Kontakt zu den Kindern?«

Bei dieser Frage verdunkeln sich die Augen von Saskia sofort wieder. Ich habe es geahnt!

»Wissen Sie, dadurch, dass ich ja nie zum Arzt gehen durfte, wenn er mich verletzt hatte, konnte ich nur noch ein paar alte Verletzungen nachweisen, die mir die Ärzte im Krankenhaus attestiert hatten. Dies hat nicht ausgereicht, dass er wirklich ins Gefängnis gekommen wäre. So ist er mit neun Monaten auf Bewährung davongekommen. Sein hämisches Grinsen im Gerichtssaal, mit dem er mich nach der Urteilsverkündung angeschaut hat, werde ich so schnell auch nicht vergessen.

Zum Glück lässt er aber wenigstens die Kinder in Ruhe. Aufgrund seiner gewalttätigen Art hat das Familiengericht ihm lediglich einen begleitenden Umgang zugesprochen. Diese Termine hat er aber nie wahrgenommen.« Bei diesen letzten Worten ist wieder ein Strahlen in ihr Gesicht zurückgekehrt, und mir wird es ganz warm um mein Herz. Ich bin mir sicher, dass Saskia irgendwann wieder ein fröhlicher und aufgeschlossener Mensch sein wird und vielleicht dann auch in einer neuen Partnerschaft ihr großes Glück findet.

Eines ist mir durch Saskias Geschichte allerdings wieder bewusst geworden: Egal, wie schlimm die Ausgangssituation auch sein mag: Es gibt einen Weg heraus, und dafür lohnt es sich zu kämpfen!

Ich konnte mich niemandem anvertrauen!

Warum Opfer meist jahrelang schweigen, bevor sie sich ihrem Umfeld offenbaren

Irgendwann hat der Täter sein Ziel erreicht: Er hat Ihre Persönlichkeit gebrochen und wird Sie durch gezielt geschürte Angst und Gewalt dort halten, wo er Sie haben möchte – nämlich an seiner Seite.

Jetzt stellt sich natürlich die Frage, warum sich Frauen in solchen Lebenssituationen keine aktive Hilfe von außen holen. Wie am Anfang ja schon erwähnt, dauert es laut einer britischen Studie sieben lange Jahre, bis Frauen mit ihrer Leidensgeschichte nach außen treten und sich die dringend notwendige Hilfe suchen. Als erster und wichtigster Grund ist hier sicher das Schamgefühl zu nennen. Die Angst vor eventuell abwertenden Reaktionen aus dem sozialen Umfeld ist groß bei den geprügelten Frauen. Leider herrscht in vielen Köpfen immer noch die Meinung vor, dass eine erwachsene Frau, die sich schlagen lässt und dann nicht sofort geht, ja selbst schuld an ihrer Situation sei und es sicher nicht anders haben möchte. Dies ist natürlich völliger Blödsinn, und ich denke, niemand, der eine solche Situation nicht schon einmal selbst erlebt hat – dass er einen gewalttätigen Partner an seiner Seite hatte –, dürfte sich darüber ein Urteil erlauben.

Frauen, die sich an einen Partner aus einem anderen Kulturkreis gebunden haben, bekommen dann meistens auch noch zu hören: »Ja das hättest du doch wissen müssen, dass dein (türkischer, tunesischer, marokkanischer, italienischer und so weiter und so fort) Freund gewalttätig ist. Das ist doch in deren Kultur normal. Warum nimmst du dir denn auch so einen?«

Wenn Bekannte so reagieren, weisen sie dem Opfer zum zweiten Mal die Täterrolle zu, denn ja schon der gewalttätige Partner hatte ja behauptet, dass man selbst schuld sei. Darüber hinaus ist den Frauen in ihrer oft jahrelang andauernden Leidensgeschichte meist auch die Fähigkeit abhandengekommen, sich positive Zukunftsvisionen zu schaffen, für die es sich lohnt, den Kampf gegen die Gewaltbeziehung aufzunehmen und den prügelnden Partner zu verlassen. Sie wissen, dass in dem Moment, in dem sie sich ihrem Umfeld offenbaren, ein gezieltes Handeln von ihnen erwartet wird, und dafür fehlt ihnen in diesem Stadium oft noch die Kraft. Also schweigen und leiden sie weiter, immer in der Hoffnung, dass der Partner doch noch zur Vernunft kommt und alles wieder gut wird.

Ein langer Weg in die Freiheit – Irene erzählt

Ich sitze bereits schon eine ganze Weile in dem Café, in dem ich mich mit der Frau verabredet habe, die bereit ist, mir ihre Leidensgeschichte zu erzählen. Als sie auf mich zukommt, denke ich zunächst, es müsste sich um eine Verwechslung handeln. Diese Frau strahlt eine Lebensfreude und eine Selbstsicherheit aus, dass ich mir zunächst gar nicht vorstellen kann, dass sie das Opfer häuslicher Gewalt geworden sein soll. Während mir dieser Gedanke durch den Kopf schießt, schimpfe ich innerlich mit mir selbst. Die Erfahrung mit diesem Thema hatte mich doch gelehrt, dass es das klassische Opfer bei häuslicher Gewalt gar nicht gibt. Dass ausgerechnet ich, die doch eine so umfassende Erfahrung zu diesem Thema hat, sich nun zu solchen Gedanken hinreißen lässt, ärgert mich maßlos. Gott sei Dank kann mein Gegenüber meine Gedanken nicht lesen.

»Irene Fischer, und Sie müssen Frau Schneidt sein.« Mit einem strahlenden Lächeln reicht sie mir ihre Hand. Aus vorangegangenen E-Mails weiß ich, dass sie 42 Jahre alt ist und eine Tochter hat, die vor zwei Wochen ihren 16. Geburtstag feierte. Nachdem sie Platz genommen und sich einen Cappuccino bestellt hat, beginnt sie auch gleich ohne Umschweife zu erzählen: »Wissen Sie, gewissermaßen bin ich schon ein bisschen selbst schuld, dass es zwischen mir und meinem Mann so weit kommen konnte. Wenn ich ehrlich bin, habe ich ja von Anfang an gespürt, dass mit ihm irgendetwas nicht stimmt. Seine übermäßige Eifersucht, sein Kontrollzwang, immer wissen zu müssen, wo ich bin, und seine jähzornige Art haben mich ja schon stutzig gemacht, aber ich war ja so verliebt und wollte es nicht wahrhaben, dass mein Herzallerliebster einen abgrundtief schlechten Charakter hat. Dabei haben mich alle meine Freunde noch gewarnt, aber ich habe sie damals ausgelacht. Dass mir mein Lachen so schnell vergehen würde, hätte ich dann aber auch nicht gedacht.«

Sie erzählt mit einer entwaffnenden Offenheit, die ich an ihr bewundere. Da ist kein Selbstmitleid aus ihrer Stimme zu hören, sondern vielmehr eine gesunde Selbstreflexion.

Bevor ich eine Frage stellen kann, erzählt Irene auch schon weiter: »Am Anfang brüllte er mich einfach nur an, wenn ich nicht so funktionierte, wie er das wollte. Da fiel dann auch schon das eine oder andere beleidigende Wort. Ich hab das aber abgeschüttelt wie ein junger Hund das Wasser, und eigentlich habe ich ihn gar nicht ernst genommen. ›Schrei mich nur an, Aggressionen abbauen tut gut‹, habe ich ihm lässig geantwortet, wenn er wieder einmal »seine fünf Minuten hatte« und austickte. Irgendwann fing es an, dass er mich schubste. Das habe ich mir natürlich nicht gefallen lassen, und ich habe zurückgeschubst. Da ist er völlig ausgerastet und hat mir immer wieder ins Gesicht geschlagen. Das ging so schnell, dass ich gar nicht richtig reagieren konnte. Ich war vor Schreck wie gelähmt, weil mir auch sofort bewusst war, dass dies über die kleinen Kabbeleien, die wir sonst hatten, weit hinausging. Nach ein paar Minuten ließ er endlich von mir ab. Ich spürte, dass meine Ohren summten und mein Gesicht wie Feuer brannte. Außerdem verspürte ich im rechten Ohr einen stechenden Schmerz. Wie sich dann am nächsten Tag herausstellte, war mein Trommelfell geplatzt. Natürlich wollte ich mich daraufhin sofort trennen, aber zu diesem Zeitpunkt war meine Regel schon ein paar Tage überfällig, und ein Schwangerschaftstest brachte zutage, dass ich ein Baby erwartete. Einen Moment lang habe ich sogar überlegt, einfach niemandem etwas von der Schwangerschaft zu erzählen und das Baby abtreiben zu lassen, aber so etwas hätte ich dann im Endeffekt doch nicht fertiggebracht. Als ich ihm dann erzählte, dass er Vater wird, war er vor Freude ganz aus dem Häuschen, und sein Verhalten war wie ausgewechselt. Es kam mir so vor, als ob zwei Herzen in seiner Brust schlügen. Er war höflich, zuvorkommend und immer gut gelaunt. Plötzlich war es für ihn auch kein Problem mehr, wenn ich mit meinen Freundinnen stundenlange Shoppingtouren machte. Vor der Schwangerschaft hatte er das gehasst, und es hatte immer Streit gegeben, wenn ich von so einem Bummel nach Hause kam. Eine Zeit lang war ich so naiv zu denken, dass er sich wirklich geändert hätte. Das war auch der Grund, warum ich seinen Heiratsantrag angenommen habe. Rückblickend war die Schwangerschaft die glücklichste Zeit, die wir gemeinsam hatten. Erst sehr viel später habe ich begriffen, warum das so war. Er war doch tatsächlich der Meinung, dass ich ihm ja nun nicht mehr weglaufen würde und für andere Männer sowieso gänzlich uninteressant sei, weil ich ja ein Baby unter meinem Herzen trug.«

Irene redet schnell, fast ohne Pause, und ich habe fast schon Schwierigkeiten, meine Fragen zu stellen. Plötzlich wird mir bewusst, dass die Selbstsicherheit die sie ausstrahlt, wohl auch zum großen Teil ein Selbstschutz ist, denn an der Art, wie sie erzählt, spüre ich schon, wie sehr sie die Vergangenheit belastet hat.

»Dann hat er Sie in der Schwangerschaft auch nicht geschlagen?«, nutze ich die kurze Pause, die entsteht, als Irene kurz an ihrem Cappuccino nippt.

Energisch schüttelt sie den Kopf. »Nein, ich sagte ja, die Schwangerschaft war unsere glücklichste Zeit. Nicht ein Haar hat er mir gekrümmt. Im Gegenteil. Ich durfte noch nicht mal die Einkaufstaschen tragen oder unsere Betten frisch beziehen. Alles hat er mir abgenommen. Ich sollte mich einfach nur schonen und meine Schwangerschaft genießen. Plötzlich haben mich sogar die Freundinnen um meinen Mann beneidet, die mich sonst immer vor ihm gewarnt hatten. Leider änderte sich sein Verhalten aber wieder drastisch, als unsere Kleine so etwa ein Jahr alt war.

Nachdem ich bis zu diesem Zeitpunkt gestillt hatte, konnte ich ja fast nie außer Haus, ohne mein Kind mitzunehmen. Nach dem Abstillen wollte ich dann natürlich auch ab und zu wieder mal alleine oder mit Freundinnen ausgehen. Das war dann der Anfang vom Ende. Von einem auf den anderen Tag war mein Mann wieder so aggressiv wie vor der Schwangerschaft, und nun ging der Albtraum erst richtig los. Das ging sogar so weit, dass er die Schlösser der Wohnungstür auswechselte und mich mit der Kleinen zu Hause einschloss, wenn er zur Arbeit ging oder sich mit seinen Freunden traf. Natürlich bin ich dann ziemlich durchgedreht und habe mich am Anfang mit aller Kraft gewehrt.«

Nervös fährt sich Irene durch ihre gepflegten blonden Haare und bittet mich um eine Rauchpause. Während sie nach draußen vor die Tür geht, mache ich mir schnell ein paar Notizen. Ich bin kaum fertig, als sie auch schon wieder an unseren Tisch kommt und Platz nimmt. Ich spüre, dass nun wohl der Teil ihrer Erzählung kommt, der ihr am schwersten fällt.

»Irgendwann kam der Tag, an dem er mit einer Lederpeitsche nach Hause kam und diese oben auf den Küchenschrank legte. Er drohte mir, mich zukünftig damit zu verprügeln, falls ich seinen Anweisungen nicht Folge leisten würde. Ich habe ihm nahegelegt, einen guten Psychiater aufzusuchen. Daraufhin hat er mich mit dem Ding grün und blau geschlagen, und ich hatte am ganzen Körper aufgeplatzte Striemen und musste zwei Tage im Stehen schlafen, weil ich keinerlei Berührungsdruck auf meinem Körper ausgehalten habe. Zu allem Überfluss haben sich dann noch einige Wunden entzündet, und es hat angefangen zu eitern. Einen Arztbesuch, bei dem ich mir das so dringend notwendige Antibiotika hätte besorgen können, hat er mir allerdings verboten. Ich denke, er wusste, dass mein Arzt sofort die Polizei verständigt hätte.« Irene räuspert sich kurz. »Jetzt fragen Sie sich bestimmt, warum ich nicht sofort gegangen bin?«

Ich will ihr gerade antworten, dass sich mir solche Fragen gar nicht stellen, da ich weiß, wie schwer es ist, sich aus einer Gewaltbeziehung zu befreien, wenn die Angst vor dem Partner wie eine lähmende Spritze wirkte da redet sie auch schon weiter: »Angst! Die nackte Angst hat mich daran gehindert, mir mein Kind zu schnappen und diesen brutalen Menschen einfach zu verlassen. Irgendwann habe ich auch gar keinen Schmerz mehr gespürt, wenn er mich wieder und wieder verprügelt hat. Ich habe ihn einfach nur gehasst, und in meinen Träumen ist er tausend Tode gestorben. Hätte er allerdings auch nur einmal mein Kind angerührt, hätte ich diese Träume zur Realität werden lassen.«

Irene nehmen die Erinnerungen nun doch ziemlich mit, denn ich sehe, wie sich eine Träne ihren Weg über ihr Gesicht bahnt. Beruhigend lege ich ihr meine Hand auf die Schulter. Dankbar lächelt sie mich an.

»Über zehn Jahre habe ich diese unwürdige Situation ausgehalten. Ich dachte immer, ich müsse meiner Tochter die Familie erhalten, denn als Vater war er einfach spitze. Er hat Ramona immer über alles geliebt und ihr nie auch nur ein Haar gekrümmt. Trotzdem kam natürlich der Zeitpunkt, an dem Ramona mitbekommen hat, wie sehr ihr Vater mich misshandelt hat, und darunter hat sie sehr gelitten. Einmal hat sie sogar versucht, mit ihm darüber zu reden, und ihn gefragt, warum er ihrer Mama denn immer so wehtut dass sie weinen muss. Das war der Tag, an dem mir bewusst wurde, dass ich ihr das nicht länger zumuten darf. Komischerweise habe ich nicht eine Sekunde daran gedacht, dass ich mir das nicht länger zumuten darf. Bis ich dann aber endgültig den Absprung geschafft habe, hat es noch mal fast ein Jahr gedauert. Ich wollte mit der Kleinen nicht in irgendein Frauenhaus, sondern habe meine Trennung ganz genau geplant und vorbereitet. Da mir klar war, dass er sicherlich versuchen würde, für mich keinen Pfennig Unterhalt zu bezahlen, habe ich so nach und nach alle Unterlagen kopiert und bei Freunden gebunkert. Auch von dem knapp kalkulierten Haushaltsgeld, das er mir zugeteilt hatte, habe ich immer etwas weggelegt, und sogar Ramona hat mir immer die Hälfte ihres Taschengeldes, das sie von ihrem Vater bekam, gegeben, damit ich es für unseren Neuanfang sparen konnte. Meine Tochter hatte ich von Anfang an in meine Pläne eingeweiht.«

Bevor sie weitererzählen kann, hake ich kurz nach: »Hatten Sie denn keine Angst, dass sie sich bei Ihrem Mann verplappern könnte und dann Ihre Trennungsabsichten frühzeitig aufgeflogen wären?«

Energisch schüttelt Irene ihren Kopf, sodass ihre halblangen blonden Haare in alle Richtungen fliegen. »Nein, daran habe ich nicht eine Sekunde lang gedacht. Ich wusste, dass ich mich auf Ramona verlassen kann. Die wollte ja auch unbedingt aus dieser Situation raus und endlich ihre Mama lachen sehen.«

Irene schnappt sich plötzlich ihre Handtasche und holt nach kurzem Suchen ein Foto heraus und reicht es mir rüber. »Das sind Ramona und ich, etwa ein halbes Jahr nach der Trennung.«

Interessiert schaue ich mir das Foto an. Obwohl man Irene darauf noch deutlich die Spuren des Erlebten ansehen kann, macht sie einen gelösten Eindruck. Ramona hat ihre Arme um sie geschlungen und strahlt ebenfalls fröhlich in die Kamera. Sie ist ein auffallend hübsches Mädchen.

Irene scheint meine Gedanken zu erraten. »Sie hat die gleichen ausdrucksstarken Augen wie ihr Vater, aber Gott sei Dank nicht seinen schlechten Charakter«, verrät sie mir mit einem Augenzwinkern.

»Und wie ist Ihnen letztendlich der Absprung aus dieser Ehe gelungen?«, lenke ich unser Gespräch wieder auf den Kern des ursprünglichen Themas.

»Nachdem ich so weit alles vorbereitet und alle Freunde und die Familie eingeweiht hatte, habe ich einen günstigen Moment abgepasst, mir meine Tochter und unsere Koffer geschnappt und bin erst mal zu meinen Eltern ins Gästezimmer gezogen. Natürlich hat es nur ein paar Stunden gedauert, und mein Mann stand dort vor der Tür. Obwohl meine Eltern ihm mehrmals versichert haben, dass ich nicht dort sei, hat er sie einfach von der Türe weggedrängt und sich fast schon gewaltsam Zutritt zu der Wohnung verschafft. Natürlich wollte er mich dann zwingen, wieder mit ihm nach Hause zu kommen, aber meine Eltern haben Gott sei Dank gut reagiert und sofort die Polizei angerufen. Die Beamten waren auch in ein paar Minuten da, und er musste sofort die Wohnung verlassen. Trotzdem waren die Wochen bis zu unserem Umzug in die eigene Wohnung mehr als anstrengend. Ständig hat er uns vor der Tür aufgelauert, sodass ich ohne Begleitung gar keinen Schritt vor die Tür machen konnte, und dann hat er mich beim Jugendamt angezeigt, wegen Kindesentzugs. Ich habe aber der zuständigen Sachbearbeiterin die Situation erklärt, und die hatte Gott sei Dank Verständnis für mich und meine Lage. Ramona wurde dort auch befragt und hat meine Aussagen bestätigt, und so hatte diese Anzeige keinerlei Folgen für uns. Trotzdem hat es fast noch ein Jahr gedauert, bis einigermaßen Ruhe in unser Leben eingekehrt ist. Dann hat mein Ex nämlich eine neue Frau kennengelernt und das Interesse an mir und Ramona verloren. Heute ruft er höchstens noch an Weihnachten oder Ramonas Geburtstagen an, und das ist auch gut so.«

»Gibt es denn ein Fazit, das Sie ziehen können, und wie geht es Ihnen und Ramona heute?«, möchte ich von ihr wissen.

Irene schenkt mir ein strahlendes Lächeln. »Mein persönliches Fazit ist, dass jeder Tag, den man in einer solchen Partnerschaft aushält, genau ein Tag zu viel ist. Das Leben kann so wunderschön sein, man muss es nur anpacken. Bei mir war es so, dass die meisten der Sorgen und Ängste, die ich wegen der Trennung hatte, sich als unbegründet herausgestellt haben. Heute geht es mir gut, und seit einiger Zeit habe ich auch wieder einen Mann an meiner Seite, der mich von Herzen liebt. Klar streiten wir auch mal, aber nie müsste ich Angst haben, dass es eskalieren könnte, und das ist ein gutes Gefühl. Für Ramona ist er wie ein guter Freund. Alles in allem bin ich heute sehr glücklich.«

Noch lange nachdem wir uns verabschiedet haben, muss ich an diese Frau denken. Sie gehört sicherlich zu denjenigen, die mir noch lange im Gedächtnis bleiben werden, denn sie ist ein weiteres Beispiel dafür, dass es, egal, wie schlimm die Ausgangssituation ist, immer einen Weg in ein besseres Leben gibt!

Niemand hat geholfen!

Warum Nachbarn, Freunde und Familie oft tatenlos mitansehen, wenn es in ihrer Umgebung zu häuslicher Gewalt kommt

Häusliche Gewalt geht fast nie lautlos und ohne weitere äußere Anzeichen vonstatten. Meist hören zumindest die Nachbarn die verzweifelten Hilfeschreie des Gewaltopfers oder das wutentbrannte Toben des Täters. Auch äußere Anzeichen von Gewaltattacken sind in der Regel nicht zu übersehen. Ob das obligatorische blaue Auge, Blutergüsse am Körper oder die sichtbar verquollenen Augen vom Weinen – all dies ist kaum zu verstecken und sollte für den Beobachter eigentlich Anlass sein, das Gespräch mit der Nachbarin oder mit der Freundin oder Verwandten zu suchen. Aber warum passiert das in der Realität so selten?

Die Antwort liegt wohl zum einen darin, dass bei weiten Teilen der Bevölkerung immer noch die Meinung vorherrscht, dass häusliche Gewalt Privatsache sei, und zum anderen darin, weil meist Ängste aufkommen, dass man eventuell selbst zur Zielscheibe des Täters werden könnte, wenn man sich einmischt.

Dabei entbehren beide Argumente jeglicher Grundlage. Häusliche Gewalt ist keine Privatsache, sondern geht jeden etwas an, der davon etwas mitbekommt! Jeder, der sieht oder hört, dass einem anderen Menschen Gewalt angetan wird, und dazu schweigt, stärkt den Täter und macht sich gewissermaßen mitschuldig.

Auch das Argument der Angst zählt hier nicht. Niemand erwartet, dass Sie sich in eine aktuelle Gewaltsituation einmischen, aber zum Telefonhörer zu greifen und die nächste Polizeistation von den Vorfällen in Kenntnis zu setzen kann jeder. Dies kann man im Zweifel auch anonym tun. Die Polizei wird sich vor Ort ein Bild von der Situation machen und im Bedarfsfall die notwendigen Maßnahmen einleiten.

Der Täter weiß dann auch, dass sein schändliches Treiben von seinem direkten Umfeld wahrgenommen wurde, und man beraubt ihn damit seiner Anonymität.

Im Zweifelsfalle ruft man lieber einmal zu viel als einmal zu wenig die Polizei an. Vergessen Sie nie: Ihr Anruf kann unter Umständen ein Leben retten, denn wie oft schlägt man morgens die Zeitung auf und liest, dass wieder mal ein Mann durchgedreht ist und seine Frau oder Lebenspartnerin erschossen, erstochen oder erschlagen hat. So etwas passiert fast nie aus heiterem Himmel, und fast immer gehen so einer Tat etliche Gewalttaten voraus. Hilfreich ist es darüber hinaus auch, in einem günstigen Moment das Gespräch mit dem Gewaltopfer zu suchen.

Erwarten Sie aber bitte nicht, dass Ihnen sofort die pure Begeisterung des Opfers entgegenschlägt und es Ihnen gegenüber vertrauensvoll sofort von seiner Misere berichten wird. Zu groß ist die Scham, und es könnte sogar sein, dass Sie zu hören bekommen, dass Sie das gar nichts angeht und dass Sie sich gefälligst um Ihre eigenen Sachen kümmern sollen. Nehmen Sie eine solche Reaktion nicht persönlich. Bleiben Sie ruhig und freundlich, und bieten Sie an, dass Ihre Tür im Falle einer aktuellen Gewaltsituation jederzeit offen steht und Sie auch gerne zu einem Gespräch bereit sind.

Sie können sich sicher sein, dass Ihre Worte das Opfer erreichen werden und es sich im Notfall daran erinnern wird.

Kerstin und Ralf – eine deutsch-deutsche Beziehung: Teil 2

Die zurückliegenden Monate sind ruhig und friedlich verlaufen, und Kerstin ist froh, dass sie Ralf diese zweite Chance gegeben hat. Er ist ein liebevoller Vater, der Kleine entwickelte sich prächtig, und ihr gegenüber hat sich Ralf ebenfalls vorbildlich verhalten. Die schrecklichen Erinnerungen an den Tag, an dem er sie verprügelt hat, sind in den Hintergrund gerückt und haben fast etwas Unwirkliches an sich.

Natürlich kann Kerstin diesen Vorfall nicht vergessen, aber irgendwie kommt es ihr so vor, als ob dies nicht ihr, sondern jemand anderem passiert sei und sie dem Ganzen nur als Zuschauer beigewohnt hätte.

Natürlich hat sie einiges in ihrem Verhalten verändert. Sie will Ralf ja auch unter keinen Umständen provozieren und nimmt Rücksicht darauf, dass er eben mit ihrer Vorgängerin schlechte Erfahrungen gemacht hat und von seiner Exfreundin betrogen worden ist. Sie lässt ihr Handy jederzeit zugänglich auf dem Küchentisch liegen, damit Ralf sehen kann, dass sie nichts zu verbergen hat, sie hat ihm ihre E-Mail-Passwörter ausgehändigt, damit er auch hier jederzeit überprüfen kann, dass sie keine Mails mit anderen Männern austauscht, und mit ihren Freundinnen trifft sie sich nur noch selten, und wenn, dann meist bei sich zu Hause, denn dagegen hat Ralf nichts.

Wenn sie – was wirklich selten vorkommt – doch mal mit den Mädels zum Shoppen oder Kaffeetrinken unterwegs ist, ruft Ralf meist alle halbe Stunde an. Das nervt allerdings dann ihre Begleiterinnen, und Kerstin ist Ralfs Verhalten natürlich peinlich. Doch davon abgesehen, ist Kerstins Freundinnen die Veränderung Kerstins auch nicht verborgen geblieben, und die eine oder andere hat schon mehrmals versucht, mit ihr darüber zu sprechen. Allerdings blockt Kerstin hier sofort ab und versichert immer wieder, dass alles in bester Ordnung sei und sie mit ihrem Leben so rundherum glücklich und zufrieden wäre. Natürlich spürt sie selbst, dass es zwischen Ralf und ihr nur so lange funktioniert, wie sie sich ihm anpasst, aber das ist es ihr wert.

Völlig unvorbereitet trifft sie allerdings das, was sich an einem ganz normalen Montagabend ereignet: Kerstin hat wie immer ein Abendessen vorbereitet und schon den Tisch gedeckt, sodass sie gleich essen können, wenn Ralf von der Arbeit kommt. Meistens ist er sehr hungrig, und er kann es partout nicht leiden, wenn er dann noch eine Weile warten muss, bevor er seinen Hunger stillen kann.

An seiner Art der Begrüßung spürt Kerstin an diesem Abend, dass er sich wohl über irgendjemanden bei der Arbeit geärgert haben muss, denn sie fällt entgegen seiner sonst üblichen Art sehr wortkarg aus. Auch auf den obligatorischen Begrüßungskuss muss Kerstin heute verzichten. Selbst als sein Sohn ihn erwartungsfroh aus seinem Kinderstuhl heraus anstrahlt und ihm seine Ärmchen entgegenreckt, beachtet er ihn kaum.

Kerstin lässt Ralf ganz in Ruhe und serviert das Abendessen. Völlig gegen seine Gewohnheit beginnt Ralf plötzlich über den Geschmack des Gemüseeintopfes zu schimpfen. Der Eintopf sei viel zu wenig gewürzt, und so einen Fraß würde er nicht mal seinem Hund vorsetzen, wenn er denn einen hätte. Kerstin stellt ihm eine Flasche mit Suppenwürze auf den Tisch und erklärt ihm, dass sie die Speisen nicht mehr so stark würzen könne, da ihr Sohn ja mittlerweile auch schon mitessen und Kleinkinder es nun einmal nicht vertragen, wenn das Essen zu scharf ist.

»Dann ist dir das Kind also wichtiger als ich?«, blafft er Kerstin sofort an. »Ich geh den ganzen Tag schuften, um euch ein schönes Leben zu ermöglichen, und dann bekomm ich hier Babykost vorgesetzt«, meckert er völlig unsachlich weiter. Kerstin liegt schon eine etwas schärfere Erwiderung auf der Zunge, verkneift sie sich dann aber in Anbetracht der schlechten Laune, die Ralf sowieso schon hat, und schluckt die Antwort hinunter. Stattdessen versucht sie Ralf mit ein paar Geschichten aus ihrem Tagesablauf etwas aufzumuntern. Der Kleine habe heute zum ersten Mal einen kleinen Turm aus Holzbausteinen aufgebaut, teilt sie ihm freudestrahlend mit. Schnell merkt Kerstin aber, dass dies Ralf gar nicht interessiert und er offensichtlich weiter nach einem Grund sucht, seine schlechte Laune an ihr auszulassen.

»Wie sieht es hier eigentlich wieder aus?« Mit grimmigem Blick lässt Ralf seine Blicke durch den Raum schweifen. Kerstin folgt diesem Blick, kann aber beim besten Willen nicht feststellen, was Ralf denn an der häuslichen Ordnung zu beanstanden haben könnte. Natürlich liegen ein paar Bauklötze auf dem Boden verstreut herum. Der Kleine ist mittlerweile sehr mobil und breitet sich in der ganzen Wohnung aus. Dies ist aber nichts Neues und stört Ralf sonst auch nicht.

Langsam macht sich eine gewisse Wut in Kerstin breit. Gut! Ralf hat anscheinend einen harten Tag gehabt und sich, wie es aussieht, auch über irgendetwas oder irgendwen geärgert, aber das braucht er schließlich nicht an ihr und dem Kleinen auszulassen. Bei ihr ist auch nicht ein Tag wie der andere, und mit Haushalt und Kindererziehung ist ihr Tag auch mehr als ausgefüllt, zumal Ralf einen großen Wert auf Ordnung legt und es schon zu einer Auseinandersetzung mit ihm kommen kann, wenn sich einmal ein kleiner Berg Schmutzwäsche ansammelt oder ähnliche Kleinigkeiten.

Nach dem Essen schaltet Ralf wie jeden Tag den Fernseher ein, um sich die Nachrichten anzuschauen. Während Kerstin ihm eine Tasse Kaffee zubereitet, fängt ihr Sohn plötzlich an zu quengeln. Kerstin hebt ihn aus seinem Kinderstuhl und setzt ihn auf den Fußboden. Der Kleine will sich aber partout nicht beruhigen, und das latente Quengeln geht langsam, aber sicher in ein völlig überdrehtes Geschrei über.

Kerstin spürt, wie sie selbst nun auch unruhig wird. Sie will Ralf gerade seinen Kaffee bringen, als dieser auch schon aus dem Wohnzimmer schreit, dass sie schleunigst für Stille sorgen solle, da er gefälligst in Ruhe die Nachrichten schauen wolle. Nun ist bei Kerstin das Maß voll. Sie knallt Ralf voller Wut die Kaffeetasse auf den Wohnzimmertisch und blafft zurück, dass sie das Kind ja schließlich nicht knebeln könne, und wenn ihm das alles zu viel sei, könne er ja in seine Stammkneipe gehen und müsse nicht hier zu Hause für schlechte Laune sorgen.

Sie hat es kaum ausgesprochen, als sie voller Entsetzen sieht, wie Ralf zur Tasse greift und diese samt dem kochend heißen Inhalt nach ihr schmeißt. Leider kann sie nicht schnell genug ausweichen, und so landet die Tasse direkt an ihrer Schulter, und der heiße Kaffee verbrüht ihr Gesicht und Dekolleté. Voller Wut und Schmerz geht sie auf Ralf los und fasst ihn an seinen Schultern. Sie will ihn gerade kräftig schütteln, als sie auch schon mehrere schallende Ohrfeigen hintereinander kassiert. Ihr Gesicht brennt nun ebenfalls wie Feuer. Diesmal will Kerstin aber nicht kampflos aufgeben und versucht zurückzuschlagen. Ralf greift ihr daraufhin in die Haare und zieht sie in die Mitte des Zimmers. Dort beginnt er dann mit seinen Fäusten auf sie einzuprügeln. Dabei bedenkt er sie mit den unflätigsten Schimpfwörtern.

Ihr Sohn hat längst aufgehört zu weinen und beobachtet mit weit aufgerissenen Augen das seltsame Schauspiel, das seine prügelnden Eltern ihm bieten.

Kerstin kommt es wie eine Ewigkeit vor, bis Ralf endlich von ihr ablässt. Sie sitzt wie ein Häufchen Unglück auf dem Wohnzimmerfußboden, von Weinkrämpfen geschüttelt. Ralf dreht sich wortlos um und verlässt die Wohnung.

Als Kerstin sich einigermaßen beruhigt hat, versorgt sie zuerst ihr Kind und bringt es zu Bett, bevor sie sich um sich selbst kümmert. Ihr laufen dabei unablässig die Tränen übers Gesicht. Der Kleine ist sehr verstört, und erst nachdem Kerstin sich eine Weile zu ihm gelegt hat, fällt er in einen unruhigen Schlaf.

Als sie kurz darauf im Badezimmer steht, bietet sich ihr ein Bild des Schreckens. Ihr rechtes Auge ist blutunterlaufen. So, wie es aussieht, sind wohl einige Äderchen im Inneren geplatzt. Ihre Stirn ziert eine Beule von nicht gerade geringem Ausmaß, und ihre Lippen sind aufgerissen, sie blutet unablässig. Nachdem sie sich vorsichtig gewaschen hat, holt sie sich ein paar Eiswürfel aus dem Gefrierfach und beginnt ihre geschwollene Stirn damit zu kühlen. Ihre Gedanken fahren dabei Achterbahn. Wieder ist ihr Bild ihrer heilen Familie von einer auf die andere Minute zusammengebrochen, und wieder steht sie vor dem Nichts.

Etwa zwei Stunden später kommt Ralf zurück in die Wohnung. Diesmal ist von ehrlicher Reue nichts zu spüren. Im Gegenteil! Er beginnt Kerstin für seinen erneuten Übergriff verantwortlich zu machen. »Ich schufte bis zum Umfallen, damit es dir und dem Kleinen gut geht, und du bringst es noch nicht mal fertig, zehn Minuten lang für Ruhe zu sorgen, damit ich die Nachrichten schauen kann. Was bist du nur für eine Frau?«, legt er sofort los, nachdem er sich aufs Sofa gesetzt hat.

Fast schon ungläubig starrt Kerstin ihn an. Sie will gerade etwas darauf erwidern, als Ralf auch schon weiterspricht: »Ich hoffe, dass du jetzt kapiert hast, wer hier zu Hause die Hosen anhat, und ich warne dich! Solltest du beabsichtigen, mich jetzt mit unserem Kind zu verlassen, so solltest du wissen, dass ich dir das Leben zur Hölle machen werde. Glaube nicht, dass ich nur einen einzigen Cent Unterhalt zahlen werde. Lieber kündige ich meinen Job und beantrage selbst das Sorgerecht für unseren Sohn. Dann kannst du arbeiten gehen und für uns Unterhalt bezahlen. Ich werde dem Jugendamt schon glaubhaft darlegen, was du für eine miserable Mutter bist, und wenn ich mir den besten Anwalt der Stadt nehmen muss.« Nach diesen Worten steht er auf und legt sich ohne ein weiteres Wort in sein Bett, um zu schlafen. Kerstin bleibt völlig verzweifelt im Wohnzimmer zurück.

Ihre Gedanken drehen sich im Kreis. Ist sie vielleicht wirklich eine schlechte Frau und Mutter? Ralf arbeitet wirklich viel, und ihr und dem Kleinen fehlt es materiell an nichts, aber dafür hält sie ihm doch den Rücken frei und kümmert sich um das gemeinsame Kind und den Haushalt. Auch den kompletten Papierkram, der so im Haushalt anfällt, und die Gartenarbeit erledigt sie vollkommen allein. Sollte das etwa nicht ausreichen?

Sie spürt, wie sich langsam eine bleierne Müdigkeit in ihr breitmacht. Sie ist aber unter keinen Umständen bereit, sich jetzt einfach neben Ralf in das gemeinsame Bett zu legen. Also holt sie sich eine Wolldecke und legt sich auf das Sofa. Irgendwann fällt sie dann in einen unruhigen Schlaf.

Am nächsten Morgen bereitet sie Ralf nicht wie sonst üblich sein Frühstück zu. Sie stellt sich einfach schlafend, bis er das Haus verlassen hat und zur Arbeit gegangen ist. Als sie ihren Sohn angezogen hat, macht sie sich mit ihm gemeinsam auf den Weg zum Einkaufen. Normalerweise hätte sie in ihrem Zustand freiwillig nicht die Wohnung verlassen, aber sie hat für den Kleinen keine Windeln mehr, sodass ihr gar nichts anderes übrig bleibt, als sich auf den Weg zum Supermarkt zu machen.

Ihr Gesicht sieht heute noch schlimmer aus als gestern. Die Beule schimmert in sämtlichen Farben, und ihr Auge ist immer noch blutunterlaufen. So gut sie kann, hat sie versucht, die Spuren der Gewalt mit etwas Make-up abzudecken. Kaum hat sie den Hausflur betreten, öffnet sich auch schon die Wohnungstür gegenüber. Dort wohnt ebenfalls eine Familie, allerdings haben deren Kinder schon das Teenageralter erreicht. Außer dass man sich freundlich grüßt, gibt es zwischen den Nachbarn keinerlei Berührungspunkte.

Kerstin wünscht freundlich einen guten Morgen und will weitergehen, als die Nachbarin sie bittet, doch noch einen Moment stehen zu bleiben. »Hören Sie mal, Frau Kirchner«, beginnt sie vorsichtig. »Ich möchte mich ja nicht in Ihr Privatleben einmischen, aber ich habe gestern Abend zufällig mitbekommen, was bei Ihnen passiert ist, und wollte Ihnen nur sagen, dass ich für Sie da bin, falls Sie Hilfe brauchen sollten.«

Kerstin atmet tief durch. Sie würde vor Scham am liebsten im Boden versinken. Fast schon trotzig streckt sie ihr Kinn vor. »Ich weiß ja nicht, was Sie glauben, mitbekommen zu haben, aber falls Sie auf meine Verletzungen anspielen, kann ich Ihnen nur sagen, dass ich gestern Abend noch geputzt habe und dann auf dem nassen Boden ausgerutscht bin. Dabei bin ich dummerweise auf mein Gesicht gefallen.« Kerstin kann selbst nicht glauben, wie leicht ihr diese Lüge über die Lippen kommt.

Nein! Mitleid ist das Letzte, was sie in ihrer Situation gebrauchen kann, und wer weiß, was wäre, wenn sie ihrer Nachbarin die Wahrheit sagen würde? Vielleicht würde die dann in der restlichen Nachbarschaft herumposaunen, dass »die Kirchner« sich von ihrem Mann verprügeln lässt? Ohne ein weiteres Wort lässt sie ihre hilfsbereite Nachbarin stehen.

Ellen und Cemal – eine bikulturelle Beziehung: Teil 2

Obwohl sich Ellen wirklich alle Mühe gibt, dass die Beziehung zwischen ihr und Cemal funktioniert, gestaltet sich das Zusammenleben zunehmend schwierig. Ellen wird das Gefühl nicht los, dass Cemal unter einem großen Druck seiner Familie steht. Sie muss sich eingestehen, dass die Unbeschwertheit ihrer Beziehung mit dem Tag schwand, an dem sie seine Familie kennengelernt hat. Als sie Cemal darauf anspricht, streitet er dies mit großer Vehemenz ab.

Trotzdem muss sich Ellen aber ständig den Satz anhören: »Aber meine Eltern würden es nicht gut finden, wenn du dies tust, und meine Eltern würden es nicht verstehen, wenn du das tust« und so weiter und so fort. Am liebsten würde sich Ellen manchmal die Ohren zuhalten. Da sie aber weiß, dass Cemal dann beleidigt sein würde, unterlässt sie es lieber. Trotzdem kann sie nicht umhin, ihn um ein Gespräch zu bitten, in dem sie ihm klarmachen will, dass sie schließlich mit ihm zusammen sei und nicht mit seinen Eltern. Als Cemal das hört, wird er ernsthaft böse.

»Ich weiß, dass in deiner Kultur die Eltern keinen großen Stellenwert haben, aber bei uns ist das anders. Meine Eltern sind ein wichtiger Teil meines Lebens, und es ist mir eben nicht egal, wie sie über dich denken«, versucht er Ellen seinen Standpunkt klarzumachen.

»Meine Eltern sind mir auch wichtig, Cemal, und trotzdem lasse ich nicht mein ganzes Leben davon beeinflussen, was sie gut oder schlecht finden könnten«, hält Ellen dagegen.

Diese Diskussion geht noch eine ganze Weile hin und her, bleibt aber schlussendlich ohne Ergebnis. Dabei geht es immer nur um Kleinigkeiten. Cemal will ihr zum Beispiel vorschreiben, wie sie sich zu kleiden hat oder dass er es eben nicht mag, dass sie, wenn sie in der Stadt unterwegs ist, sie sich dort auch mal mit einem Freund zum Kaffeetrinken trifft. Ellens Freundeskreis besteht aber nun einmal auch aus Männern, und sie ist keineswegs bereit, diese Freundschaften einfach so zu beenden. Die meisten haben auch nach der Trennung von ihrem Exfreund zu ihr gestanden und ihr sogar beim Umzug und der Wohnungsrenovierung geholfen, und Ellen hätte sich mehr als schlecht gefühlt, wenn sie nun wegen Cemal einfach so diese Freundschaften beenden würde. Was Ellen am meisten stört, ist die Tatsache, dass ihr Freund eigentlich weniger ein Problem mit ihren Männerfreundschaften hat, aber er sich große Sorgen macht, dass Ellen von einem Mitglied seiner Familie in Beisein eines anderen Mannes gesehen werden könnte. Auf die Frage, was denn daran so schlimm wäre, verdreht Cemal nur die Augen.

Ein weiteres Problem sind das Kochen und Einkaufen. Ellen fällt der völlige Verzicht auf Schweinefleisch zunehmend schwer. Früher war ihr gar nicht aufgefallen, wie viele leckere Dinge es gibt, die aus Schweinefleisch bestehen, und auch der ständige Verzehr von Geflügelwurst macht sie nicht gerade glücklich. Hinzu kommt, dass es Cemal am liebsten gewesen wäre, wenn Ellen ausschließlich in türkischen Lebensmittelgeschäften einkaufen würde, da er sich sicher ist, dass in den deutschen Produkten doch Anteile von Schweinefleisch enthalten sein könnten, da die Deutschen dies sicherlich nicht so genau nehmen.

Dies ist auch schon der nächste Punkt, der Ellen zu schaffen macht: Cemals schlechte Meinung von den Deutschen. In seinen Augen sind seine deutschen Mitbürger alles rückgratlose Weicheier, die keine Kultur und keinen Stolz besitzen. Die Frauen sind für ihn allesamt Schlampen, deren einziges Lebensziel daraus zu bestehen scheint, so viele Männer wie möglich in ihr Bett zu ziehen. Manchmal kann es Ellen sich nicht verkneifen, Cemal zu fragen, warum er denn nicht in die Türkei zurückgehe, wenn dort doch alles so viel besser sei. Diese Frage bringt ihr aber allenfalls einen bösen Blick ein. Eine wirkliche Antwort bekommt sie darauf nie.

Obwohl also vieles im Argen liegt, versucht Ellen, sich mit der Situation zu arrangieren, denn schließlich liebt sie Cemal trotz aller Schwierigkeiten von ganzem Herzen. Ihren Freunden und Bekannten gegenüber erzählt Ellen sowieso immer, dass alles in bester

Ordnung sei. Viele hatten sie vor dieser Beziehung gewarnt, und Ellen hatte immer das Gefühl, dass sie Cemal vor ihnen in Schutz nehmen müsse. Dabei kann er sich sehr gut selbst durchsetzen, wie sie nur kurz darauf wieder schmerzlich feststellen muss.

Als Ellen ein paar Tage Urlaub hat, fährt sie zu einem ausgiebigen Bummel in die Stadt. Ihre Mutter hat in Kürze Geburtstag, und Ellen will ihr ein Geschenk besorgen. Als sie gerade durch ein Kaufhaus schlendert, trifft sie durch Zufall auf einen alten Bekannten, den sie schon lange nicht mehr gesehen hat. Freudestrahlend fallen sich Thomas und Ellen in die Arme. Sie waren viele Jahre lang Nachbarn gewesen, bis Thomas dann die Stadt verlassen hat, um an einer der großen Universitäten sein Medizinstudium zu beginnen. Ihre Eltern wohnen noch heute nebeneinander.

Nun ist er seit langer Zeit mal wieder in der Stadt, weil er seine Eltern besucht. Als er Ellen auf einen Kaffee einlädt, sagt sie nicht Nein. Thomas hakt sich bei Ellen unter, und gemeinsam suchen sie ein nahe gelegenes Cafè auf. Sie sind gerade in ein angeregtes Gespräch vertieft, als Ellens Handy klingelt. Es ist Cemal, der sie in barschem Ton dazu auffordert, sofort nach Hause zu kommen. Als sie gerade nachfragen will, was denn los sei, hat Cemal schon aufgelegt. Ellens erster Gedanke ist, dass etwas passiert sein müsse, da sich Cemal normalerweise bei der Arbeit befinden müsste. Im Gegensatz zu Ellen hat er nämlich keinen Urlaub.

Ellen entschuldigt sich bei Thomas und verspricht ihm, das Kaffeetrinken sehr bald nachzuholen. Dann nimmt sie den nächsten Bus und fährt sofort nach Hause. Ihr Herz klopft wie wild, während sie nach außen hin versucht, ruhig zu bleiben. Sie will gerade die Wohnungstür aufschließen, als die Tür auch schon von innen aufgerissen wird und sie in Cemals zorngerötetes Gesicht blickt. Als Ellen ihn fragt, was denn passiert sei, und ihm um den Hals fallen will, stößt er sie brutal von sich und verpasst ihr ohne Vorwarnung eine schallende Ohrfeige.

Ellen ist so überrascht, dass sie zunächst gar nicht begreift, was hier vor sich geht. Erneut geht sie auf Cemal zu. »Aber Schatz, was ist?« Weiter kommt sie nicht, denn da prasseln schon die nächsten Ohrfeigen auf sie ein. Zunächst hielt Ellen ihre Hände schützend vor ihr Gesicht, aber als sie sieht, dass Cemal nicht von ihr ablässt, beginnt sie sich zu wehren und versucht ihn von sich zu stoßen. Dies scheint ihn aber nur noch mehr in Rage zu bringen. Wie ein Irrer beginnt er mit seinen Fäusten auf sie einzuprügeln. Dabei keucht er vor Anstrengung.

Ellen kann irgendwann das Gleichgewicht nicht mehr halten und geht zu Boden. Daraufhin nimmt Cemal auch noch seine Füße zu Hilfe und beginnt auf Ellen einzutreten. Sie windet sich auf dem Boden wie ein Fisch auf dem Trockenen, um den Schlägen und Tritten zu entgehen, hat aber letztendlich nicht den Hauch einer Chance. Cemal handelt wie in einem Rausch. Zum Schluss zieht er sogar noch seinen Gürtel aus und beginnt damit ebenfalls auf Ellen einzuprügeln. Die Striemen, die der Gürtel auf ihren Armen und Beinen zurücklässt, brennen wie Feuer.

Es kommt Ellen wie eine Ewigkeit vor, bis er endlich von ihr ablässt. Verächtlich blickt er zu ihr auf den Fußboden hinunter. »Du bist genauso eine Schlampe wie alle anderen deutschen Frauen auch. Eine Zeit lang dachte ich wirklich, du wärst anders, sonst hätte ich dich niemals meiner Familie vorgestellt. Und was habe ich nun davon? Mein Bruder ruft mich an, um mir mitzuteilen, dass er gesehen hat, wie du Arm in Arm mit einem anderen Mann in ein Café gegangen bist. Wie kannst du es wagen, dich mit einem anderen Mann zu treffen und ihn auch noch in aller Öffentlichkeit zu umarmen?«

Cemal spuckt ein weiteres Mal vor ihr auf dem Boden aus, und Ellen verspürt einen Würgereiz im Hals. Sie weiß, dass es keinen Sinn macht, ihm nun irgendetwas zu erklären. Er würde es sowieso nicht verstehen, geschweige denn ihr Handeln akzeptieren, und an der Situation würde es auch nichts mehr ändern.

Sie liegt also völlig erniedrigt wie ein geprügelter Hund vor Cemal auf dem Boden, und ihre Gedanken fahren Karussell. Langsam rappelt sie sich auf und starrt Cemal verächtlich in die Augen. Dies bringt ihr aber nur eine weitere Ohrfeige ein. »Du hast mich nicht so anzuschauen, Ellen. Du nicht!«, beginnt er sofort wieder, sie anzuschreien.

Ellen zittert vor Angst. Der Mann, der hier gerade vor ihr steht, hat nichts mehr mit dem Menschen gemein, in den sie sich verliebt hat. Dieser hier ist zu allem bereit, und in seinen Augen spiegeln sich nur noch der blanke Hass und Verachtung wider.

Du bist doch selbst schuld! Warum lässt du dich auch schlagen?

Vorurteile gegenüber Gewaltopfern und die Erklärung, warum es meistens nicht möglich ist, sich gefahrlos aus einer von Gewalt geprägten Beziehung zu lösen

Dieses Kapitel liegt mir besonders am Herzen. Im Laufe meiner umfangreichen Öffentlichkeitsarbeit zu dem Thema Gewalt werde ich immer wieder gefragt, warum Frauen, die in einer Beziehung leben, in der sie geschlagen werden, sich nicht einfach von ihrem gewalttätigen Partner trennen. Des Öfteren kommt dann auch die Frage, ob sie denn nicht selbst schuld seien, wenn sie nicht gehen, und es vielleicht gar nicht anders wollten? Man selbst selbstverständlich sofort seine Koffer packen und gehen, wenn der Partner auch nur ein einziges Mal die Hand gegen einen erheben würde.

Solche oberflächlichen Äußerungen machen mich oft fassungslos und traurig, denn sie entbehren jeder Grundlage. Es ist offensichtlich, dass Menschen, die so denken, sich noch nie ernsthaft mit dem Thema häusliche Gewalt auseinandergesetzt haben, denn sonst würden sie sich nicht so gedankenlos äußern. Für jedes Opfer sind solche Denkweisen ein weiterer Schlag ins Gesicht, denn sie sagen ja nichts anderes aus, als dass man schließlich selbst schuld sei, wenn man geschlagen wird und dann nicht sofort den Absprung aus der Beziehung schafft.

In diesem Buch möchte ich die Möglichkeit nutzen, einmal offenzulegen, was Gewalt bewirkt und warum es eben nicht so einfach ist, sich dem sofort zu entziehen.

Ich hoffe, dass ich damit mit einigen Vorurteilen aufräumen kann und es auch für diejenigen verständlich wird, die noch keine Berührungspunkte mit der Gewaltthematik hatten.

Die Psyche der Opfer

Wie am Anfang des Buches schon erwähnt, sieht man es zunächst keinem Menschen an, ob er gewalttätig ist oder nicht. Am Anfang ist also meist alles in Ordnung, und man führt eine ganz normale Paarbeziehung. Im schlimmsten Falle wird man höchstens bemerken, dass man sich einen Macho geangelt hat.

In der Regel gibt es immer einen Stichtag, an dem sich das Verhalten des gewaltausübenden Partners verändert und er seine Maske fallen lässt, die er gewissermaßen trägt. Dies kann die Hochzeit, die Geburt des gemeinsamen Kindes oder auch nur der Umzug in eine gemeinsame Wohnung sein. In der Regel ist es auf jeden Fall ein Ereignis, das ihm die Sicherheit gibt, dass sich seine Partnerin nicht mehr so ohne Weiteres von ihm trennen kann, weil sie sich in einer Art Abhängigkeit von ihm befindet.

Am Anfang wird vielleicht lediglich der Umgangston ein wenig rauer und die Art, mit seiner Partnerin umzugehen, ein bisschen bestimmender, aber dies ist schon der sichere Einstieg in die zukünftige Gewalt. Wenn eine Situation dann zum ersten Mal eskaliert und der geliebte Partner gewalttätig wird, sitzt der Schock bei dem Opfer zunächst erst einmal sehr tief. Man muss sich vorstellen, dass der Mensch, den man neben seinen Eltern und eventuell vorhandenen Kindern am meisten liebt, sich plötzlich gegen einen richtet und seelischen und körperlichen Schmerz zufügt. Das ist ein sehr gravierender Eingriff in die Psyche eines jeden Menschen und löst zunächst eine Denkblockade aus. Diese Denkblockade kommt ganz automatisch und ist eine Art Selbstschutz.

Nach einiger Zeit – dies kann zwischen einigen Stunden und seltener, auch mal ein paar Tage dauern –, löst sich diese Blockade wieder, und das Opfer realisiert, was passiert ist. Zu diesem Zeitpunkt zeigt der Täter erfahrungsgemäß schon ein großes Maß an Reue. Er fleht und weint, liegt auf Knien vor seinem Opfer und entschuldigt sich mehrmals. Er weiß genau, dass jetzt die Gefahr am größten ist, dass er von seiner Partnerin verlassen werden könnte, da bei ihr zu diesem Zeitpunkt meist noch ein gesundes Selbstbewusstsein vorhanden ist. Eine einmalige Gewaltattacke macht das Opfer noch nicht handlungsunfähig, und er wird nun alles daransetzen, seine Beziehung zu retten, und um eine zweite Chance bitten. Was für dieses Verhalten die psychische Grundlage bildet, erkläre ich Ihnen im folgenden Kapitel, aber zunächst bleiben wir bei dem Opfer. Dieses wird nach dem ersten Schock natürlich den Drang verspüren, seinen Partner zu verlassen. Der Schmerz und die Erniedrigung sitzen tief und niemand möchte Gefahr laufen, dies ein weiteres Mal erleben zu müssen. Schnell werden einige Fluchtpläne geschmiedet und überlegt, wo man zunächst einmal für ein paar Tage – gegebenenfalls auch mit Kindern und Haustieren – unterkommen könnte.

Zu diesem Zeitpunkt wird der Betroffenen – in der Regel ist ja die Frau das Opfer – bewusst, was nun alles auf sie zukommt: Verlust der Wohnung, ungeklärte finanzielle Verhältnisse, Aufgabe des sozialen Umfeldes, das Zurücklassen von geliebten Gegenständen, eventuell Scheidung und Sorgerechtsprozess, falls Kinder da sind, und noch vieles mehr. Der Entschluss zu gehen gerät ins Wanken, und man schenkt den Entschuldigungsversuchen des Partners zum ersten Mal Gehör. All die Dinge, die nun durch eine Trennung auf das Opfer zukommen würden, erscheinen ihm plötzlich riesig – im Gegensatz zu dem, was ihm angetan worden ist.

Plötzlich hinterfragt man sich selbst. Hat man vielleicht doch auch ein bisschen eigene Schuld, dass dem Partner die Hand ausgerutscht ist? Hat man dieses Verhalten vielleicht sogar provoziert? Viele solcher Gedanken bahnen sich ihren Weg ins Bewusstsein, und plötzlich erscheint alles gar nicht mehr so schlimm, und man ist gewillt, dem Partner eine zweite Chance zu geben, weil die Alternative, sofort zu gehen und alles, was man sich vielleicht mühsam aufgebaut hat, hinter sich zu lassen, einem plötzlich so grausam und trostlos erscheint.

Der Partner wird nun in der nächsten Zeit alles tun, damit man sich wohl- und sicher fühlt. Das schreckliche Erlebnis rückt in den Hintergrund und kommt einem immer unwirklicher vor. Nach einiger Zeit wird es so sein, dass man die erlebte Gewalt in seinen Erinnerungen als gar nicht mehr so bedrohlich empfindet. Auch das ist eine Schutzfunktion unserer Psyche.

Wenn es dann wie aus heiterem Himmel zu der nächsten Gewaltattacke kommt – und dass dies passiert, ist so gut wie sicher, da es unter Gewalttätern fast keine Einzeltäter gibt –, bricht das Opfer zunächst einmal psychisch komplett zusammen. Zu dem Schock, dass der Partner doch wieder zugeschlagen hat, kommt nun auch noch der verdrängte seelische Schmerz von den vergangenen Schlägen, und diesmal lässt er sich nicht so einfach verdrängen. Wut, Enttäuschung, Angst und große Unsicherheit vermischen sich mit den körperlichen Schmerzen, die die Gewalt hinterlassen hat, und wollen bewältigt werden. Da dies aber alleine und ohne professionelle Hilfe kaum zu schaffen ist, resignieren viele Opfer an diesem Punkt.

Erschwerend kommt hinzu, dass nun auch die Taktik des Täters eine andere ist. Sein Argument, dass es sich bei seinen Schlägen um einen einmaligen Ausrutscher handelt, kann er ja nun nicht mehr verwenden. Nun wird er sich darauf verlagern, alle Schuld seiner Partnerin zuzuweisen. Er wird ihr mit aller Vehemenz deutlich machen, dass sie durch ihr Verhalten dafür gesorgt hat, dass er zuschlagen musste. Ihm blieb quasi gar keine andere Wahl, als sich durch das Schlagen zu wehren. Hätte sie ihn nicht provoziert, wäre sie nicht zu spät heimgekommen, hätte sie die Wohnung besser aufgeräumt, hätte sie keine SMS von einem anderen Mann bekommen, hätte sie ein besseres Essen gekocht und so weiter und so fort, dann hätte er sich ja niemals so sehr aufregen müssen, dass er die Kontrolle über sich verlor, und alles wäre gut gewesen.

Dies ist nichts anderes als der Versuch, sich vom Täter zum Opfer zu stilisieren. Der Täter ist aber auch intelligent genug, um zu wissen, dass er damit alleine seine Partnerin nicht bei sich halten wird. Nun kommt also die nächste Strategie: Er wird ihr mit den verschiedensten Dingen drohen und die Zukunft ohne ihn an ihrer Seite in den dunkelsten Farben ausmalen. Finanzielle Probleme, den Verlust der gemeinsamen Freunde, den Auszug aus der gemeinsamen Wohnung, um nur einige von den düsteren Zukunftsprophezeiungen zu nennen. Sollte er wider Erwarten auch damit nicht den gewünschten Erfolg haben und seine Partnerin sich weiterhin trennungswillig zeigen, wird er seine Strategie darauf verlagern, ihr sehr gezielt Angst zu machen. Aussagen wie: »Ich mach dich fertig«, »Ohne mich bist du ein Nichts«, »So weit kannst du gar nicht wegziehen, dass ich dich nicht finde«, »Ich verbreite Lügen über dich bei deinem Arbeitgeber und sorge dafür, dass du deinen Job verlierst«, »Ich zeig dich beim Jugendamt an und erzähl denen, dass du eine miserable Mutter bist, und dann nehme ich dir die Kinder weg«, »Ich werde arbeitslos, dann musst du für mich Unterhalt bezahlen«, »Solltest du mich wirklich verlassen, werde ich dich und mich umbringen« sind nur die gängigsten Drohungen, mit denen solche Männer ihren Partnerinnen dann gern Angst einjagen, und ich könnte diese Auflistung noch endlos fortsetzen.

Damit hat er sein Opfer in fast allen Fällen dort, wo er es haben will: mit dem Rücken an der Wand! Obwohl die Angst vor dem Partner und seinen erneuten Schlägen groß ist, hat er es geschafft, dass seiner Partnerin eine Trennung und die damit verbundenen Drohungen noch weitaus schlimmer erscheinen.

Und nun beginnt ein meist jahrelang andauernder Leidensweg für das Opfer: permanente Gefahr für Leib und Leben, Verlust der Selbstachtung, ständiges Lügen, damit Freunde, Nachbarn, Arbeitskollegen und Verwandte nichts von der häuslichen Gewalt mitbekommen, Isolation, ständige Angst, psychosomatische Gesundheitsbeschwerden und noch vieles mehr. Für Menschen, die bisher noch keinerlei Erfahrung mit häuslicher Gewalt gemacht haben, ist es fast unvorstellbar, dass man so leben kann, aber für eine Betroffene wird dies schnell zum grausamen Alltag. Man sagt nicht umsonst: »Der Mensch ist ein Gewohnheitstier«, und dieser Spruch bewahrheitet sich auch in solch einer unschönen Situation.

Was den Opfern an diesem Punkt fehlt, sind positive Zukunftsvisionen, für die es sich lohnen würde, den Kampf gegen das scheinbar Übermächtige aufzunehmen. Zu diesem Zeitpunkt erscheint ihnen ein Leben nach der Trennung aber nicht erstrebenswert, da sie sich sicher sind, dass der Partner seine Drohungen in die Tat umsetzen wird. Dazu kommt noch ein gewaltiger Realitätsverlust, der dafür sorgt, dass sie nicht mehr in der Lage sind, ihre eigene Situation real einzuschätzen. Erst wenn der Leidensdruck sehr hoch ist, das soziale Umfeld immer wieder das Gespräch zum Opfer sucht oder sich vielleicht auch schon bleibende Gesundheitsschäden manifestiert haben, werden die letzten Kraftreserven mobilisiert und die dringend notwendige Hilfe von außen gesucht.

Die Motive der Täter

Stellt man sich die Frage nach den Motiven der Gewalttäter, wird man immer sehr schnell bei dem Thema Macht und Dominanz landen. Oft wurden gewalttätige Menschen in ihrer Kindheit selbst von ihren Eltern dominiert und haben die Erfahrung gemacht, dass der Schwächere schnell der Verlierer ist. Auch ein nur schwach ausgeprägtes Selbstbewusstsein kann ein Auslöser für Gewalttätigkeit sein. Solche Menschen fühlen sich selbst minderwertig, schwach und nicht liebenswert. Dies führt dazu, dass sie unter der ständigen Angst leben, dass die geliebte Partnerin einen anderen Mann besser und attraktiver findet und sie wieder als Verlierer dastehen. Infolgedessen wird ein solcher Mann ohne Rücksicht auf Verluste von Anfang an alles tun, um dieses Szenario zu verhindern. Er wird alles daransetzen, seine Partnerin unter seiner totalen Kontrolle zu haben. Wehrt sie sich dagegen und besteht sie auf ihre eigenen Freiräume, so ist es nur eine Frage der Zeit, bis sie dieses Verhalten mit den ersten Schlägen bezahlen muss.

Gewalttäter brauchen eine Partnerin, die ihnen unterlegen ist, wie die Luft zum Atmen. Nur dadurch bekommen sie nach außen hin eine Stärke, die sie im Innersten gar nicht besitzen. Je verängstigter die Partnerin ist, desto besser fühlen sie sich, weil sie der Meinung sind, alles unter Kontrolle zu haben.

Als Außenstehender fragt man sich oft, ob diese Menschen kein Mitleid mit ihren Opfern haben. Natürlich wird es Momente geben, in denen sich auch ein Täter hinterfragt, und wenn er sein Opfer weinend und vielleicht auch noch mit den von ihm zugefügten Blessuren vor sich sieht, ist die Reue, die er dann vielleicht plötzlich zeigt, durchaus auch ehrlich gemeint. Dies ändert aber nichts an der Tatsache, dass er bei der nächsten Gelegenheit wieder zuschlagen wird, und nur eine auf ihn zugeschnittene Therapie kann diesen Kreislauf durchbrechen.

Eine solche Therapie kommt für ihn aber in aller Regel nicht infrage, da er sich und seinem Umfeld ja dann eingestehen müsste, dass er behandlungsbedürftig ist – in seinen Augen ein Zeichen von Schwäche. Eine Therapie passt auch nicht in sein Selbstbild, das er von sich hat. Aus seiner Sicht heraus wird er ja nur gewalttätig, weil ihn sein Opfer quasi dazu nötigt. Aus diesem Grund gibt es auch bisher nur wenige Selbsthilfegruppen für Gewalttäter. Auch andere Hilfs- und Therapieangebote werden nur sehr zögerlich angenommen. Überhaupt versuchen diese Menschen, nach außen hin ein völlig anderes Bild von sich zu präsentieren und die Wahrheit zu vertuschen. In Anwesenheit von Außenstehenden geben sie oft den liebevollen, charmanten Partner, und schon manch einer ist aus allen Wolken gefallen, wenn er dann einen Blick hinter diese Fassade werfen durfte.

Der Täter hat natürlich einen entscheidenden Vorteil: Er weiß, dass er zur Gewalttätigkeit neigt, und wird sich deshalb am Anfang besondere Mühe geben, seine Partnerin auf Wolke sieben schweben zu lassen. Er weiß genau, dass er für so viele positive Erlebnisse wie möglich sorgen muss, damit sie auch nach der ersten Eskalation noch bei ihm bleibt. Einem Partner, der Ihnen bisher immer nur Gutes getan hat, werden Sie in der Regel eher verzeihen als jemandem, der Ihnen schon von Anfang an das Leben zur Hölle gemacht hat.

Kerstin und Ralf – eine deutsch-deutsche Beziehung: Teil 3

Die nächsten Wochen verlaufen wieder relativ »normal«. Ralf ist wieder wie ausgewechselt und mimt den liebevollen Partner und Vater. Seine oft liebevollen Worte und Gesten erreichen Kerstin aber nicht mehr. Sie fühlt sich innerlich wie tot, und wenn Ralf sie in den Arm nimmt oder sogar sexuellen Verkehr von ihr fordert, verspürt Kerstin oft ein Ekelgefühl, wie sie es bis dahin nicht gekannt hat. Natürlich bleibt das auch Ralf nicht verborgen, aber Kerstin hat nicht das Gefühl, dass es ihn besonders interessiert.

Vor ihrer Nachbarin hat Kerstin Ruhe. Nach ihrem Hilfeangebot im Treppenhaus hat sie Kerstin völlig ignoriert. Kerstin kommt es so vor, als ob sie nun beleidigt sei, und wenn sie ehrlich zu sich selbst ist, kann sie es sogar verstehen, und ihr tut es längst leid, dass sie sich ihrer Nachbarin gegenüber so abweisend verhalten hat, aber das ist nun nicht mehr zu ändern.

Kerstin hasst sich selbst dafür, dass sie so schwach ist und nicht einfach einen Schlussstrich unter ihre Beziehung zu Ralf zieht. Wie gerne würde sie einfach ein paar Sachen packen, sich den Kleinen schnappen und einfach das nächste Frauenhaus aufsuchen. Aber sooft sie dieses Szenario in ihren Gedanken auch durchspielt, genauso oft kommt sie auch zu dem Ergebnis, dass sie das ihrem Kind nicht antun könne. In einem fremden Haus, mit völlig fremden Menschen zusammenleben, sich Bad und Küche teilen und keine Privatsphäre haben – nein, das ist keine Umgebung, in der ein Kind aufwachsen sollte.

An dieser Einstellung ändert sich auch nichts, als Ralf das nächste Mal zuschlägt. Kerstin kann im Nachhinein gar nicht mehr genau sagen, was der Auslöser der erneuten Prügel war, mit denen Ralf sie bedacht hat. Sicher ist es wieder etwas ganz Banales gewesen. Diesmal hat er noch schlimmer zugeschlagen als die beiden Male zuvor. Es kommt ihr so vor, als hätte Ralf jede Hemmung verloren, und Kerstin hat richtige Todesangst.

Er hat gerade von ihr abgelassen, als es an der Wohnungstür Sturm läutet. Ralf schubst Kerstin ins Badezimmer und geht dann an die Tür, um nachzuschauen, wer die Frechheit besitzt, die Klingel so dermaßen zu missbrauchen.

Kerstin betrachtet sich unterdessen im Spiegel. Sie sieht einfach nur schlimm aus. Diesmal sind beide Augen blutunterlaufen, über ihrer rechten Augenbraue klafft ein Loch, und einer ihrer Schneidezähne wackelt gewaltig. Ralf hat heute seine Cowboystiefel getragen und mit diesen auch kräftig zugetreten. Sie will gerade versuchen, an der Tür zu lauschen, um mitzubekommen, wer sie denn besuchen will, als die Badezimmertür auch schon von außen aufgerissen wird und sie direkt einem Polizeibeamten ins Gesicht schaut.

Er zeigt sich mindestens genauso erschrocken wie sie selbst. Bevor Kerstin etwas sagen kann, hat der Beamte sie ins Bad zurückgedrängt und die Tür hinter ihnen abgeschlossen. Er stellt sich Kerstin kurz vor und gibt an, dass besorgte Nachbarn bei der Polizei angerufen hätten, weil sie aus Kerstins Wohnung schrecklichen Lärm, Gepolter und Hilfeschreie gehört hätten.

Kerstin bricht sofort in Tränen aus und vertraut sich dem Beamten an. Es tut so gut, jemandem einmal sein Herz auszuschütten und den ganzen Kummer mit jemandem zu teilen, auch wenn es »nur« ein fremder Polizeibeamte ist. Draußen hört sie Ralf wie wild schimpfen, und sie beginnt zu zittern. Der Beamte legt ihr beruhigend seine Hand auf die Schulter, und Kerstin stöhnt kurz auf. Ralfs Stiefel haben auch diese Stelle kräftig bearbeitet.

Erschrocken zieht der Polizist seine Hand zurück und entschuldigt sich. »Sie brauchen keine Angst zu haben. Mein Kollege ist draußen bei Ihrem Mann und hält ihn in Schach, damit wir hier in Ruhe besprechen können, wie es denn nun weitergeht mit Ihnen. Haben Sie schon mal darüber nachgedacht, Ihren Mann anzuzeigen?« Aufmerksam beobachtet er ihre Reaktion, denn Kerstin ist bei seinen letzten Worten ganz blass geworden. Abwehrend hebt sie beide Hände. »Bloß nicht! Wenn ich das tue, dann bringt mich Ralf ganz sicher um.«

»Hier wird gar niemand umgebracht«, versucht der Polizeibeamte sie wieder zu beruhigen, aber leider nur mit mäßigem Erfolg. Nachdem er noch eine Weile auf sie eingeredet hat, verlassen sie schließlich gemeinsam das Badezimmer. Ralf hat sich mittlerweile beruhigt und sitzt mit dem anderen Beamten am Esstisch. Scheinbar geknickt, schaut er Kerstin an.

»Es tut mir leid, Schatz, dass ich so ausgerastet bin. Es wird bestimmt nicht mehr vorkommen. Du weißt ja, dass dies normalerweise gar nicht meine Art ist und ich bisher noch nie die Hand gegen dich erhoben habe.«

Kerstin wundert sich, wie leicht ihm diese Lüge über die Lippen kommt.

»Stimmt das?«, fragt der Polizist, an Kerstin gewandt. Diese bekommt einen knallroten Kopf und beginnt zu stottern. Die Angst ist ihr ins Gesicht geschrieben.

Bevor sie antworten kann, hat der andere Beamte schon wieder das Wort ergriffen. »Es ist unerheblich, ob dies das erste oder das fünfte Mal war, dass Sie Ihrer Frau Gewalt angetan haben. Schauen Sie sich Ihre Frau an. Sie haben sie nicht unerheblich verletzt. Wir werden Sie jetzt die nächsten Tage der Wohnung verweisen. Bitte packen Sie die notwendigsten Dinge zusammen, die Sie für die nächste Zeit brauchen werden.«

Ralf rastet erneut aus, als er sieht, dass es den Beamten mit dieser Ankündigung ernst ist, und unter den schlimmsten Drohungen Kerstin gegenüber müssen die Beamten ihn schließlich zwingen, die Wohnung auch tatsächlich zu verlassen. Sie geben Kerstin noch ihre Rufnummer, unter der sie im Notfall zu erreichen sind.

Als die Beamten und Ralf die Wohnung schließlich verlassen haben, atmet Kerstin erst einmal tief durch. Sie fühlt sich wie betäubt. Schnell wirft sie einen Blick in das Kinderzimmer. Wie gut, dass der Kleine von dem Lärm nicht wach geworden war. Nicht auszudenken, wenn ihr Sohn wieder mitbekommen hätte, wie sein Vater sie verprügelt. Kerstin ist aber auch intelligent genug, um zu wissen, dass ihr Kind auch älter wird und sehr schnell begreifen würde, was in dieser Familie vor sich gegangen ist. Vielleicht würde es Ralf auch irgendwann nicht mehr genügen, nur Kerstin zu verprügeln, und er würde sich an seinem Sohn vergreifen. Kerstin kann diesen Gedanken gar nicht zu Ende denken, so weh tut er ihr. Sie weiß eigentlich ganz genau, dass sie handeln muss, aber nach wie vor fühlt sie sich nicht in der Lage, ihre Beziehung zu Ralf auch offiziell für gescheitert zu erklären. Sie fühlt sich einfach schwach, dumm und zu nichts zu gebrauchen. Dies sind die Worte, mit denen Ralf sie in den letzten Monaten fast täglich bedacht hat.

Es macht Kerstin immer noch fassungslos, dass sich ein Mensch innerhalb kürzester Zeit so dermaßen verändern kann. Gerne denkt sie an die erste Zeit ihres Zusammenseins. Ralf hatte sie buchstäblich auf Händen getragen, und sie hatten viel gelacht in dieser Zeit. Es waren unbeschwerte Wochen und Monate gewesen. Auch wenn sie sich eingestehen muss, dass es durchaus Anzeichen für Ralfs unbeherrschte Art gegeben hat. Mittlerweile ist sich Kerstin auch nicht mehr sicher, ob Ralfs Exfreundin sich wirklich wegen eines anderen Mannes von ihm getrennt hat oder ob er ihr gegenüber vielleicht auch gewalttätig war. Zu gerne hätte sie die Frau einfach mal angerufen. Ralf hatte ja sicher noch ihre Nummer in seinem Handy gespeichert. Trotzdem würde sie diesem Verlangen nie nachgeben, da sie genau weiß, dass Ralf völlig ausflippen würde, wenn er herausbekommen würde, dass sie hinter seinem Rücken mit seiner Ex telefoniert hat.

Kerstin schiebt weitere Gedanken in diese Richtung erst einmal zur Seite. Sie muss nun schauen, wie es weitergeht. Ralf darf jetzt ein paar Tage nicht in die gemeinsame Wohnung. Die Beamten haben ihm sogar den Schlüssel abgenommen. Aber wie es danach weitergehen soll, weiß sie nicht. In ein paar Tagen muss sie ihn wieder in die Wohnung lassen, und er wird sich fürchterlich an ihr rächen. Dessen ist sich Kerstin hundertprozentig sicher. Vielleicht sollte sie doch das letzte bisschen Kraft, das noch in ihr steckt, aktivieren und bis dahin ihre Sachen packen und in ein Frauenhaus flüchten? Sie will sich jetzt zunächst einmal ihrer besten Freundin gegenüber offenbaren. Entschlossen greift Kerstin zum Telefonhörer.

Ellen und Cemal – eine bikulturelle Beziehung: Teil 3

Ellen hat lange mit sich gerungen, ob sie ihre Freunde und Familie von Cemals Gewalttätigkeiten in Kenntnis setzen soll oder nicht. Sie hat sich aber letztendlich dagegen entschieden. Zu groß ist ihre Scham. Jeder hatte ihr von einer Verbindung zu Cemal abgeraten, da der Kulturunterschied einfach zu groß sei, aber sie hatte selbstbewusst herumgetönt, dass dies doch gar kein Problem darstelle und Cemal schließlich sein ganzes Leben in Deutschland verbracht habe. Nun hat sie die bittere Erfahrung machen müssen, dass es offensichtlich keine Rolle spielt, wie lange man in einem Land lebt. Dies bedeutet nicht auch zwangsläufig, dass man sich den dortigen Gegebenheiten anpasst. Nun aber zugeben, dass sie sich gründlich geirrt hat? Nein, das lässt ihr Stolz einfach nicht zu. Noch nicht!

Cemal macht es ihr in dieser Hinsicht aber immer schwerer. Wenn er sich nach einem Ausraster wieder beruhigt hat, trägt er Ellen fast auf Händen und strotzt nur so vor Liebe und Hingabe zu ihr. Ellen kann manchmal gar nicht fassen, dass es sich dann um denselben Mann handelt, der sie so brutal verprügelt.

So vergeht ein Monat nach dem anderen, und Ellen sieht selbst, wie sehr sie sich verändert hat. Aus einer fröhlichen, selbstbewussten Frau ist eine unterwürfige Jasagerin geworden. Die Erfahrung hat Ellen gelehrt, dass, wenn sie sich an Cemals Anordnungen hält und nach seinen Vorstellungen lebt, er wirklich alles für sie tut. Seine Mutter verhält sich ihr gegenüber mittlerweile auch sehr freundlich, und alle geben ihr das Gefühl, dass sie ein fester Bestandteil der Familie ist.

Dann allerdings kommt der Tag, an dem Ellen fast ihr Leben verloren hätte. Der Auslöser ist wieder mal eine Lappalie. Cemal hat unter Ellens Bett ein Kästchen mit Liebesbriefen gefunden, die sie einst von ihrem Exfreund Alex bekommen hatte. Alex war Ellens erste große Liebe gewesen, und sie hat es einfach nicht übers Herz gebracht, diese Briefe zu vernichten. Als Cemal sie entdeckt, ist er außer sich vor Wut und Zorn. Er befiehlt Ellen, sofort in sein Auto zu steigen. Zitternd vor Angst, folgt sie dieser Aufforderung und findet sich schon kurz darauf in einem abgelegenen Waldstück wieder. Dort angekommen, zieht Cemal plötzlich eine Waffe und Isolierband aus dem Handschuhfach. Er befiehlt Ellen auszusteigen und fordert sie auf, sich auszuziehen. Dabei murmelt er ständig vor sich hin, dass er sich von Ellen nicht verarschen lassen würde.

Ellen bricht in Tränen aus und fleht ihn auf Knien an, ihr nichts zu tun, aber Cemal lässt sich nicht erweichen. Als Ellen sich unter Tränen ausgezogen hat, zerrt er sie zu einem Baum und fesselt sie daran. Ellen hat eine solche Todesangst, dass sie ihre Blase nicht mehr kontrollieren kann. Cemal lacht sie nur höhnisch aus.

Nachdem er sich vergewissert hat, dass die Fesseln auch wirklich fest sitzen, geht er ein paar Schritte zurück und beginnt mit der Waffe herumzuspielen. Ellen ist sich sicher, dass sie gleich tot sein wird, und fleht um ihr Leben.

Plötzlich wird Cemal ganz ruhig und setzt die Pistole auf Ellen an. Eine ganze Weile steht er so da, und Ellen hofft, dass er nun endlich abdrückt. Dann hätte sie es wenigstens hinter sich.

Cemal scheint es sich aber anders überlegt zu haben, denn sehr abrupt sichert er die Waffe und steckt sie in die Hosentasche. Mit zwei Schritten ist er bei Ellen und löst ihre Fesseln wieder. Völlig erschöpft sinkt diese zu Boden, als auch schon Cemals befehlsmäßige Stimme ertönt, die anordnet, sich sofort wieder anzukleiden und ins Auto zu steigen. Ellen hat aber jede Gewalt über ihren Körper verloren und kann nicht aufstehen. Ungeduldig zerrt Cemal sie nach oben und ist ihr beim Ankleiden behilflich.

Als sie kurz darauf wieder im Auto sitzen, starrt Cemal sie aus hasserfüllten Augen an. »Diesmal habe ich dich verschont, aber wenn du noch einmal Scheiße baust, bist du dran, Ellen. Das schwöre ich dir auf den Koran.« Ohne ein weiteres Wort startet er den Wagen und fährt auf dem direkten Weg nach Hause. Dass Ellen völlig traumatisiert ist, stört ihn dabei nicht im Geringsten.

Seit diesem Tag ist nichts mehr wie vorher in Ellens Leben. Fast jede Nacht hat sie schreckliche Albträume, und mehr als einmal wacht sie schweißgebadet auf. Wenn Cemal nach Hause kommt und sie seinen Schlüssel in der Tür hört, beginnt sie zu zittern wie Espenlaub. Wenn er ihr gegenüber nur ein wenig seine Stimme erhebt und einen schärferen Ton anschlägt, bekommt Ellen panikartige Anfälle. Das Schlimmste ist, dass sie mit niemandem darüber sprechen kann, da Cemal ihr damit gedroht hat, ihr Schreckliches anzutun, falls sie sich jemandem anvertrauen sollte.

Geschlagen hat er sie seit dem schrecklichen Erlebnis nicht mehr. Es gibt aber auch in seinen Augen keinen Grund mehr dafür, da Ellen perfekt gehorcht. Sie tut wirklich alles, damit er keinen Grund finden kann, böse auf sie zu werden. Ihren Job hat sie mittlerweile auch verloren, da sie durch die Prügel und Gewaltattacken überdurchschnittlich viele krankheitsbedingte Fehltage hatte. Somit hält sie sich zu Cemals Zufriedenheit meist nur noch in der Wohnung auf. Selbst zu den notwendigen Einkäufen begleitet er sie.

Ellens einziger Kontakt nach draußen ist in dieser Zeit das Internet. Gott sei Dank ist sie sehr fit, was das Bedienen von Computern angeht, und so kann sie immer den Internetverlauf löschen, sodass Cemal nicht nachvollziehen kann, auf welchen Seiten sie online war. Das Schöne am Internet ist die Tatsache, dass sie hier völlig anonym bleiben kann. Hier kennt niemand ihre schlimme Situation. Hier kann sie die toughe, lustige junge Frau geben, die sie früher immer gewesen ist.

Ihre realen Freunde haben sich längst alle zurückgezogen. In Cemals Augen sind sie alle schlechte Menschen, die Ellen ihr Glück mit ihm nicht gönnen. Ellen hat am Anfang ihrer Beziehung den Fehler gemacht, mit Cemal über die Bedenken zu sprechen, die ihre Freundinnen geäußert hatten. Und er hatte natürlich nichts Besseres zu tun, als diese dann bei dem nächsten Besuch darauf anzusprechen und ziemlich böse anzugehen. Daraufhin war der Kontakt schon weniger geworden. Nachdem Ellen aber dann auch noch an keinen Aktivitäten mehr teilnehmen durfte, war er völlig eingeschlafen.

Ellen surft also immer wieder im Internet. Und wie sie dort erfährt, ist ihr Schicksal kein Einzelfall. Manchmal liest sie sich durch

Seiten, in denen Frauen ihre Erfahrungen mit binationalen Partnerschaften schildern, und da sind Schicksale dabei, die ihres noch bei Weitem übertreffen.

Sechs Monate nach dem traumatischen Erlebnis im Wald geht es Ellen immer noch nicht besser, und dieser Zustand bleibt auch Cemal nicht verborgen. Ellen hat fast zehn Kilogramm abgenommen und das, obwohl sie doch ohnehin schon sehr schlank war.

Eines Tages kommt Cemal mit einem Päckchen in der Hand nach Hause. Freudestrahlend drückt er es Ellen mit der Aufforderung, es zu öffnen, in die Hand. Als Ellen das einfache Packpapier entfernt hat, blickt sie auf die deutsche Übersetzung des Koran. Verständnislos schaut sie ihren Freund an. »Ich denke, du solltest langsam damit beginnen, dich mit meiner Religion vertraut zu machen. Diese wird dir Halt im Leben geben, und wenn wir heiraten, musst du sowieso zum Islam konvertieren.«

Ellen hätte das Buch am liebsten in die Ecke gefeuert, aber natürlich traut sie sich nicht, dies zu tun. Heiraten? Religionswechsel? Was denkt sich Cemal eigentlich? Glaubt er wirklich, dass sie ihn nach all dem, was zwischen ihnen passiert ist, noch heiraten wird? Ellen spürt, wie ein Ruck durch ihren Körper geht und sie aus ihrer Erstarrung fällt. Nein! Das ist das Letzte, was sie will, und nun wird sie damit beginnen, für ihre Freiheit zu kämpfen!

Es gibt ein Leben »danach«!

Opfer brauchen Visionen, für die es sich lohnt, den Kampf gegen die Gewalt aufzunehmen

Jetzt haben Sie schon viel über das Thema Gewalt gelernt. Nun möchte ich mich gemeinsam mit Ihnen langsam auf den Weg aus der Gewalt heraus begeben. Am Anfang des Weges aus der Gewaltspirale stehen immer positive Zukunftsvisionen. Diese sind so wichtig, weil sie der Betroffenen Kraft verleihen für den steinigen Pfad, den sie zu bewältigen hat. Frauen, die geschlagen wurden, sind meistens traumatisiert. Dazu kommen in aller Regel auch noch verbale Demütigungen, die dazu dienen, das Opfer auch über eine lange Zeit am Boden zu halten. Wenn man nun über einen längeren Zeitraum immer wieder zu hören bekommt, dass man nichts ist, nichts kann und es nicht wert ist, geliebt zu werden, dann wird das auf die Dauer dazu führen, dass man dies auch glaubt. Irgendwann kommt dann der Punkt, an dem man sich nicht mehr vorstellen kann, auch alleine existieren zu können.

Hier werden nun die positiven Visionen wichtig! Am besten setzt man sich in einer ruhigen Minute hin und schreibt den Ist-Zustand auf. Hier gehören all die negativen Dinge hinein, die eine Gewaltbeziehung mit sich bringt. Ängste, nicht frei in seinen Entscheidungen zu sein, permanente Demütigungen, Scham, körperliche Schmerzen, Verachtung dem Partner gegenüber, ständiges Lügen – dies werden nur einige Punkte sein, die auf diesem Zettel landen werden.

Nun nimmt man einen anderen Zettel, auf dem man notiert, was man sich für seine Zukunft wünscht. Hier geht es in erster Linie nicht darum, was realistisch erscheint, sondern wirklich um das, was man sich wünscht. Hat man diese Liste erstellt, schreibt man noch auf, welche Menschen vielleicht bei der Umsetzung behilflich sein könnten. Bei manchen wird dieser Teil des Zettels vielleicht leer bleiben, denn häufig ist die Isolation von Freunden und der Familie die Folge einer gewaltgeprägten Beziehung. Doch keine Angst! Es gibt genügend öffentliche Anlaufstellen, die als Begleitung in eine bessere und gewaltfreie Zukunft zur Verfügung stehen. Aber dazu später mehr!

Wenn Sie sich in Form dieses Zettels eine erste positive Vision geschaffen haben, dann ist der erste Schritt in ein besseres Leben bereits getan. Bewahren Sie dieses Schriftstück an einem sicheren Ort auf. Dafür eignet sich der Überzug eines nicht benutzten Kissens (vielleicht aus dem Gästezimmer), ein Buch (es sei denn, Ihr Partner ist eine Leseratte) oder der Boden des Schmutzwäschebehälters. Wann immer Sie sich nun schlecht fühlen, denken Sie an die Zukunftswünsche, die Sie sich aufgeschrieben haben. Die Zukunft beginnt in Ihrem Kopf. Und aus Gedanken werden Worte, und aus Worten werden Taten!

Welche Ausmaße die Traumatisierungen ausnehmen können und wie wichtig es ist, den Ausbruch zu wagen – und dranzubleiben, sollte es nicht sofort klappen, zeigt die folgende Geschichte von Inka.

»Ich habe mehrere Persönlichkeiten« – Vom Umgang mit Gewalterfahrungen extremster Art

Inka, 43 Jahre, zwei Kinder im Alter von neun und 16 Jahren, hatte mich per E-Mail kontaktiert, nachdem sie einen Bericht über mich im Fernsehen gesehen hatte. Sehr schnell stellte sich heraus, dass sie ebenfalls schlimmste Gewalt in ihrer früheren Partnerschaft erlebt hat. Nachdem wir einige Male telefoniert hatten, verabredeten wir schließlich ein Treffen.

Als ich Inka dann ein paar Tage später das erste Mal gegenüberstehe, erschrecke ich zunächst sehr. Sie scheint mir sehr nervös und aufgeregt zu sein, und ich habe Mühe, sie etwas zu beruhigen. Wir haben uns in einem Restaurant verabredet, und da das Wetter schön ist, beschließen wir, es uns im Biergarten gemütlich zu machen. Wir nehmen an einem Tisch unter einem großen, schattigen Baum Platz, und nachdem wir unsere Bestellung aufgegeben haben, bitte ich Inka, mir ihre Geschichte zu erzählen. Obwohl sie diejenige war, die mich um dieses Treffen gebeten hat, bemerke ich sofort, wie schwer es ihr offensichtlich fällt, mir ihre Geschichte zu erzählen. Auf meine Nachfrage hin, ob es ihr lieber wäre, doch nicht über die Gewalt zu sprechen, unter der sie gelitten hat, erklärt sie mir, dass dies für sie kein Problem sei, sie würde sich für die Dauer des Gesprächs »spalten«. Ich kann mit diesem Begriff zunächst nichts anfangen und bitte Inka, mir dies näher zu erklären.

»Weißt du«, beginnt sie, »ich habe mehrere Persönlichkeiten. Die hat meine Psyche sich erschaffen, um meine Seele zu schützen, und wenn ich nun in eine Situation komme, die mir sehr unangenehm ist, schlüpfe ich einfach in eine andere Persönlichkeit.«

Erstaunt nehme ich diese Vorgehensweise zur Kenntnis und recherchiere später noch einmal, ob ich Genaueres über solch ein Phänomen finde. Dabei stelle ich fest, dass dieses »Spalten« sehr typisch für Menschen ist, die extreme körperliche und auch sexuelle Gewalt erfahren mussten. Im Falle von Inka scheint es zu helfen, denn kaum haben wir unser Gespräch begonnen, ist genau zu sehen und zu spüren, wie sie von Minute zu Minute ruhiger wird.

»Als ich meinen Freund Paul kennenlernte, war ich schon Mutter der damals fünfjährigen Janina. Am Anfang war alles gut, außer dass Paul sehr unselbstständig war und schon einige Zeit damit verbrachte, sich einen Job zu suchen, was allerdings bis dato ohne Erfolg geblieben war. Mir machte das nichts aus. Wir zogen nach kurzer Zeit zusammen, und er kümmerte sich eben um den Haushalt, während ich meiner Arbeit in einem Büro nachging. Paul war manchmal kompliziert, aber auf keinen Fall brutal. Mit Janina ging er sehr liebevoll um, obwohl er selbst keine eigenen Kinder hatte und dadurch bisher auch keine Erfahrungen mit Kindern sammeln konnte. Mit der Zeit fing er allerdings damit an, sich zu seinem Nachteil zu verändern. Plötzlich blieb die Hausarbeit liegen, und immer öfter rief mich der Kindergarten im Büro an, weil Paul mal wieder vergessen hatte, die Kleine abzuholen. Natürlich machte mich dieses Verhalten wütend, und nachdem einige Gespräche keine Besserung gebracht hatten, beschloss ich, mich von ihm zu trennen. Nachdem ich Paul dies mitgeteilt hatte, begann er furchtbar zu weinen und bat mich immer und immer wieder um Verzeihung. Da ich mir aber sicher war, dass sich sowieso nichts ändern würde, stieß er damit bei mir auf taube Ohren. Da begann er damit, dass er mir drohte, dass er sich das Leben nehmen würde, wenn ich ihn wirklich verlassen würde. Diese Ankündigung machte mir Angst, denn ich wollte doch nicht schuld am Tod eines Menschen sein. Heute weiß ich natürlich, dass dies völliger Quatsch ist. Paul war alt genug und für sich selbst verantwortlich. Kein Mensch hat das Recht, einen anderen mit solchen Drohungen dazu zu zwingen, bei ihm zu bleiben. Damals war ich aber noch nicht so weit, und so verwarf ich den Gedanken an eine Trennung wieder. Kurz darauf stellte ich fest, dass ich schwanger war. Trotz der Umstände freute ich mich auf das Kind, und Paul schien sich auch zu freuen. Noch in der Schwangerschaft beschloss er plötzlich, Vegetarier zu werden, und verlangte von mir, es ihm gleichzutun. Ich hatte keine Lust auf große Diskussionen und versprach ihm, zukünftig auch auf Fleisch zu verzichten.

An einem Nachmittag war ich mit Janina bei einer Freundin zu Besuch, als mich der Heißhunger auf eine Wurst überkam. Immerhin war ich da schon im achten Schwangerschaftsmonat, und ich hatte das Gefühl, dass meinem Körper der totale Fleischentzug nicht guttat. Gott sei Dank hatte meine Freundin ein paar Bockwürstchen im Kühlschrank und bot mir bereitwillig eine davon an. Voller Genuss verzehrte ich diese köstliche Wurst. Ich hatte diesen Vorfall schon vergessen, bis wir wieder zu Hause waren. Janina erzählte Paul ohne eine böse Absicht, dass ich eine Wurst gegessen hätte. Was dann passierte, hätte ich mir in meinen kühnsten Träumen nicht vorstellen können. Vor Janinas Augen holte Paul ein riesiges Messer aus der Küchenschublade und zerrte mich hinter sich her in unser Schlafzimmer. Dort warf er mich auf unser Bett, setzte sich auf meine Beine, riss mir meinen Pullover hoch und setzte das riesige Messer mit den Worten »Nun zeige ich dir mal, wie es aussieht, wenn Schweine abgeschlachtet werden« an meinem Bauch an. Janina begann zu brüllen, und ich war vor Angst wie gelähmt. Nachdem ich mich vor Todesangst eingenässt hatte, ließ er das Messer fallen und beschränkte sich darauf, mir mehrmals ins Gesicht zu schlagen.«

Während Inka erzählte, hatte ich längst ihre Hand ergriffen. Ihre Schilderungen berührten mich sehr. Allerdings sollten noch weitaus schlimmere Dinge folgen.

»Natürlich war mein erster Gedanke, Paul sofort aus der Wohnung zu werfen, aber nachdem ich offensichtlich sein wahres Gesicht gesehen hatte, fehlte mir nun dazu der Mut. Ich ärgerte mich über mich selbst grün und blau, dass ich mich damals von meinem Entschluss hatte abbringen lassen, mich von ihm zu trennen. Das hatte ich nun von meiner Gutmütigkeit. Allerdings war diese Sache erst der Anfang. Ab dem Moment, an dem Paul gemerkt hatte, dass ich Angst vor ihm bekommen habe, war nichts mehr wie vorher. Er quälte mich auch verbal, wo er nur konnte. Sprüche wie ›Du siehst so scheiße aus, sei froh dass ich dich genommen habe‹ oder ›Du bist der letzte Dreck‹ standen fortan auf der Tagesordnung. Nachdem dann unser Sohn geboren war, begann er mich auch sexuell zu missbrauchen. Ich musste mir private Sexfilme anschauen, auf denen er mit seiner Exfreundin bei sexuellen Handlungen zu sehen war, und ihn gleichzeitig mit der Hand befriedigen, oder er vergewaltigte mich und sagte mir im Anschluss, dass er nur einen Orgasmus bekommen habe, weil er beim Sex an eine andere gedacht hätte. Dies waren Momente, in denen ich am liebsten tot gewesen wäre, und nur das Bewusstsein, dass ich Kinder habe, hat mich davon abgehalten, meinem Leben ein Ende zu setzen. Dafür sollte aber bald der Zeitpunkt kommen, an dem er mich fast umgebracht hätte.«

Inka holt tief Luft, bevor sie weitererzählt: »Eines Abends hatte er Unmengen an Alkohol getrunken, und als er ziemlich betrunken war, wollte er mit meinem Auto wegfahren. Um dies zu verhindern, nahm ich ihm den Schlüssel ab und lief nach draußen. Er nahm sofort die Verfolgung auf, und es dauerte nicht lange, da hatte er mich auf der Straße zu Fall gebracht. Er begann meinen Kopf immer und immer wieder auf den Asphalt zu schlagen, und ich konnte aus den Augenwinkeln sehen, dass einige Nachbarn sich das Schauspiel hinter ihren Fenstern anschauten. Meine Hoffnung, dass einer von ihnen die Polizei holen würde, erfüllte sich aber leider nicht. Ich war kurz davor, das Bewusstsein zu verlieren, als ein zufällig vorbeikommender Passant sich aktiv in das Geschehen einmischte, mir den Autoschlüssel aus der Hand nahm und fortwarf. Sofort ließ Paul von mir ab und rannte dem Schlüssel hinterher. Der Passant sah seine Pflicht wohl damit als erfüllt an und setzte seinen Weg fort. Ich lag noch völlig benommen und aus diversen Kopfwunden stark blutend auf der Straße, als ich plötzlich die Scheinwerfer meines Wagens auf mich zukommen sah. Mit letzter Kraft drehte ich mich zur Seite und wich meinem Auto nur um Haaresbreite aus. Paul hatte tatsächlich versucht, mich zu überfahren. Schwer verletzt, schleppte ich mich in die Wohnung. Einige Stunden später wurde Paul von zwei Polizeibeamten nach Hause gebracht. Er hatte mein Auto zu Schrott gefahren und dabei einiges an Sachbeschädigungen verursacht. Als die Beamten sahen, in welch schrecklichem Zustand ich mich befand, waren sie sehr schockiert und boten mir an, mich in das nächste Krankenhaus zu bringen, was ich aber dankend ablehnte. Hinterher habe ich mich darüber sehr geärgert, da ich so fast keine Atteste über die Verletzungen hatte, die Paul mir zugefügt hat. Das ist auch ein Rat, den ich allen betroffenen Frauen gebe: Wenn ihr geschlagen werdet, geht zum Arzt und lasst die Verletzungen schriftlich festhalten. Falls es mal zu einem Prozess kommt, sind solche Atteste ein wichtiges Beweismittel.«

»Hast du ihn denn angezeigt?«, möchte ich von Inka wissen.

»Ja, aber leider erst sehr viel später. Solange er sich nur an mir vergriffen hat, habe ich es ausgehalten. Ich war psychisch so am Ende, dass ich gar nicht mehr Herr meiner Sinne war. Erst als ich mitbekommen habe, dass er sich an Janina sexuell vergangen hat, konnte ich mich aus meiner Untätigkeit befreien und endlich die dringend notwendigen Schritte einleiten. Ich habe ihn sofort aus der Wohnung geschmissen, eine Anzeige bei der Polizei gemacht und mich mit Janina an einen Verein gewandt, der sich um Opfer sexueller Gewalt kümmert.«

Inka ist auffallend ruhig, während sie mir dies alles erzählt, und ich spüre, wie ich wütend werde, weil ich ihr dies fast schon als Gefühlskälte auslege. Dann fällt mir aber wieder die Sache mit der Persönlichkeitsspaltung ein, und ich beruhige mich wieder. Wahrscheinlich ist dies wirklich notwendig, um über all das Schreckliche sprechen zu können.

»Was ist dann passiert?«, möchte ich gerne von ihr wissen.

Inka stößt ein bitteres Lachen aus, und einen Moment lang habe ich das Gefühl, dass ich wieder die richtige Inka vor mir sitzen habe. Aber nur einen Moment lang, dann hat sie ihre Fassung wiedererlangt.

»Janina wurde untersucht, und obwohl die Ärzte Risse im Analbereich festgestellt haben, konnte nicht eindeutig bewiesen werden, dass diese von einem sexuellen Missbrauch stammen. Paul wurde schließlich zu einer Gesamtstrafe wegen unerlaubter sexueller Handlungen und mehrmaliger Körperverletzung an mir zu neun Monaten Haft verurteilt. Da er jedoch bis zur Verhandlung schon ein paar Monate in Untersuchungshaft gesessen hatte, war er zwei Wochen nach dem Prozess schon wieder auf freiem Fuß.

Viele Dinge konnte ich nicht beweisen, und keiner von unseren Nachbarn, die ja viel von dem, was bei uns zu Hause passiert ist, mitbekommen haben, wollte aussagen. Angeblich hatten sie selbst Angst vor Paul. Das Gute trotz alledem war, dass Vereinsmitarbeiter mich und Janina während des ganzen Prozesses begleitet haben und sogar mit zum Gericht gekommen sind. Das hat mir viel Kraft und Halt gegeben. Die haben auch dafür gesorgt, dass wir einen Therapieplatz bekommen haben. Das hat Janina und mir die Aufarbeitung des Ganzen sehr erleichtert.«

Schockiert habe ich bis dahin zugehört, aber eine Frage brennt mir nun doch noch auf der Seele: »Hast du denn niemals vorher versucht, dich aus dieser schrecklichen Partnerschaft zu befreien? Hattest du keine Freunde oder Familie, die mitbekommen haben, was bei euch zu Hause los ist?«

Ernst schaut Inka mich an: »Meine Freunde haben sich alle aus dem Staub gemacht. Die wollten sich nicht mit Paul anlegen, und mein Vater wohnte weit weg. Meine Mutter ist schon vor etlichen Jahren verstorben, und Geschwister habe ich keine.«

Inka scheint einen Moment lang zu grübeln, bevor sie plötzlich weiterredet: »Doch, einmal habe ich den Mut gefasst, ihn zu verlassen. Er hatte mich mal wieder schrecklich verprügelt, und als er auf Toilette war, habe ich die Chance wahrgenommen, mir meine Kinder geschnappt und habe fluchtartig die Wohnung verlassen. Der Kleine war da gerade mal drei Monate alt, und ich hatte ihn in eine Babytrageschale gepackt. In der Eile konnte ich ihm noch nicht mal eine Jacke anziehen. Es war schon spät am Abend und sehr kalt draußen. Ich bin dann zur nächsten Telefonzelle gerannt und hab die Polizei angerufen. Die haben mich dann mit dem nächsten Frauenhaus verbunden. Ich habe dort meine Situation geschildert, und mir wurde gesagt, dass sie leider überbelegt seien. Ich könne gerne kommen, aber für meine Kinder sei kein Platz. Ohne meine Kinder wäre ich aber niemals irgendwo hingegangen, und so bin ich vor Angst zitternd und bibbernd wieder zurück zu unserer Wohnung. Da hat er mich dann zum zweiten Mal verprügelt, weil ich es gewagt hatte zu gehen.«

Bei diesen Worten spüre ich wieder eine unbändige Wut in mir aufsteigen. Ich habe solche Geschichten schon des Öfteren gehört und weiß, dass sie der Wahrheit entsprechen. Oft genug schon habe ich selbst versucht, für Frauen, die sich Hilfe suchend an mich gewandt haben, einen Platz in einem Frauenhaus zu organisieren, und habe dort von den Verantwortlichen zur Antwort bekommen, dass es leider keine freien Plätze gebe. Ich weiß, dass den Frauenhäusern besonders durch die knappen finanziellen Mittel sehr enge Grenzen gesteckt sind, und das ärgert mich noch mehr. Hier ist dringender Handlungsbedarf gegeben. Es kann nicht sein, dass das Land für solche Einrichtungen keine ausreichende finanzielle Unterstützung gewährleistet und die Frauen dadurch gezwungen sind, in ihrem Zuhause auszuharren, und dort massivster Gewalt ausgesetzt sind.

Inka scheint meine Gedanken erraten zu haben. »Ja, für alles ist Geld da, aber an den Schwächsten der Gesellschaft wird gespart.« Sie setzt ein schiefes Grinsen auf und nimmt einen großen Schluck von ihrer Cola.

»Wie geht es dir und deinen Kindern denn heute?«, möchte ich von ihr wissen.

»Heute geht es mir und den Kindern sehr gut. Ich habe einen Job bei einer Werbeagentur, der mir sehr viel Spaß macht, Janina macht eine Ausbildung zur Verkäuferin, und mein Sohn geht noch zur Schule. Er ist auch der Einzige, der hin und wieder noch Kontakt zu Paul hat, aber das wird in letzter Zeit auch immer weniger. Janina und ich sind seit zwei Jahren mit unserer Therapie fertig, und ich habe vor Kurzem eine Ausbildung zur Traum-Hypnotiseurin gemacht. Damit kann ich anderen Frauen helfen, die ebenfalls schlimme Dinge erlebt haben. Mein Ziel ist es, damit in einer Gewaltberatungsstelle tätig zu werden, aber dafür muss ich wohl erst noch mehr Praxiserfahrung sammeln.«

Es ist Inka anzusehen, wie stolz sie auf ihr heutiges Leben ist, und ich bin mir sicher, dass sie ihren Weg gehen wird!

Sie sind Opfer und nicht Täter!

Betroffene müssen ihre Situation richtig einschätzen lernen und Strategien entwickeln, sich aus der Gewalt zu befreien

Wie sensibilisiere ich mein soziales Umfeld dafür, dass mir Gewalt angetan wird?

Es ist fast schon ein Phänomen, dass sich die meisten Opfer irgendwann auch als Täter fühlen. Wer sich der eigenen Unfähigkeit, sich aus der Gewaltspirale zu befreien, bewusst wird, dem wird oft Unverständnis entgegengebracht, und es entsteht der Eindruck, man wäre ja selbst schuld und wolle es gar nicht anders, sonst könne man ja gehen. Dementsprechend halten sich auch viele Freunde und Familienmitglieder mit Hilfsangeboten zurück, und das Opfer verkriecht sich immer mehr in seine eigene Leidenswelt. Niemand, der regelmäßig geschlagen und gedemütigt wird, möchte auch noch hören, dass er daran ja selbst schuld sei.

Hier an dieser Stelle möchte ich noch einmal mit einer ganz klaren Bitte an alle, die nicht direkt von häuslicher Gewalt betroffen sind, appellieren: Bitte halten Sie sich mit Sprüchen wie »Mir könnte so etwas nicht passieren«, »Ich würde mich sofort trennen« oder »Selbst schuld, wenn man sich einen Partner aus einem anderen Kulturkreis nimmt« zurück. Diese sind einfach realitätsfremd und zeugen nur von einer gehörigen Portion Unkenntnis und Ignoranz. Niemand, und ich meine wirklich niemand, kann sich hier ein fundiertes Urteil erlauben, wenn er selbst noch keine Erfahrungen mit einem gewalttätigen Partner gemacht hat. Natürlich wird es immer Frauen geben, die den Absprung schneller schaffen als andere, aber die Menschen sind eben unterschiedlich! Dies hat nichts mit Schwäche zu tun.

Wenn Sie zu den Menschen gehören, die einem Gewaltopfer solche Sprüche unter die Nase reiben, dann seien Sie sich bewusst, dass Sie da weitermachen, wo der gewalttätige Partner aufgehört hat, denn Sie suggerieren dem Opfer nichts anderes, als dass es zu unfähig und dumm ist, sich aus einer solchen Beziehung zu lösen. Vielleicht erscheint Ihnen diese Feststellung nun als sehr hart, aber es ist eine unumstößliche Tatsache, wie solche Worte beim anderen ankommen!

Ich kann jedem Opfer häuslicher Gewalt nur raten, sich seinem Umfeld zu offenbaren, auch auf die Gefahr hin, dass es Menschen gibt, die ihnen vorgenannte Vorwürfe machen werden. Doch Gott sei Dank sind nicht alle so, und mit dem Nach-außen-Tragen des eigenen Leids steigen die Chancen, der Hölle schneller zu entrinnen. Außerdem nehmen Sie dem Täter damit seine Anonymität, und dies ist ihm meist sehr unangenehm, glänzt er doch nach außen hin gerne als liebevoller und perfekter Partner.

Wenn Sie unter einem gewalttätigen Partner leiden, kann ich Ihnen auch fast mit Sicherheit sagen: Ein Großteil Ihres sozialen Umfeldes wird sowieso schon mitbekommen haben, dass es bei Ihnen zu Haus häusliche Gewalt gibt. Die Spuren der Gewalt, die soziale Isolation, Ihr verändertes Verhalten – all diese Dinge haben Ihre Mitmenschen wahrscheinlich schon lange auf die richtige Spur gebracht. Man hat Sie nur vermutlich bisher noch nicht darauf angesprochen.

Beginnen Sie Ihr »Coming-out« am besten bei einer Freundin oder bei einem Familienmitglied, sprechen Sie in jedem Fall mit jemandem, der Ihnen in der Vergangenheit immer sehr nahestand. Auch wenn es Ihnen zunächst unangenehm ist: Halten Sie mit der Wahrheit nicht hinter dem Berg. Zählen Sie alle

Gewalterlebnisse auf, an die Sie sich noch erinnern können, und beschönigen Sie hierbei nichts.

Vergessen Sie nicht zu fragen, ob Sie im Notfall auf die Hilfe Ihres Gesprächspartners zählen können.

Wie verhalte ich mich in einer drohenden Gewaltsituation richtig? – Fünf Tipps, die eine drohende Gewaltsituation abwenden können

Wahrscheinlich werden Sie noch eine Weile brauchen, bis Sie die Trennung von Ihrem Partner vorbereitet haben. Nun gilt es, die verbleibende Zeit so sicher wie nur möglich zu gestalten, denn Sie befinden sich ja nach wie vor in der direkten Gefahrenzone.

Hier gibt es einige Verhaltensmaßregeln, die eine deeskalierende Wirkung haben. Sie bieten zwar keine Garantie, dass es nicht doch wieder zu Gewalt kommt, bieten aber im Ernstfall eine reale Chance, das Schlimmste zu verhindern.

Tipp 1

Falls Sie ein Handy besitzen, speichern Sie die Nummer einer eingeweihten Freundin oder eines Familienmitglieds mit der Direktruftaste. Vereinbaren Sie für den Fall, dass eine Situation bei Ihnen zu Hause zu eskalieren droht, dass Sie diese Nummer wählen und die betreffende Person Sie dann unter einem Vorwand sofort auf dem Festnetz zurückruft.

Der Vorwand sollte eine möglichst hohe Priorität haben. Dies kann zum Beispiel die Nachricht sein, dass Ihre Mutter schwer erkrankt ist oder ein naher Familienangehöriger einen schweren Unfall hatte. In jedem Fall muss es etwas sein, was den Täter zunächst aus seinem Konzept bringt. Lügen ist hier ausdrücklich erlaubt! Am besten ist es natürlich, wenn Ihre Vertrauensperson den betreffenden Familienangehörigen auch einweiht, damit dieser bei einem Kontrollanruf Ihres Partners nicht aus allen Wolken fällt.

Für diesen Tipp ist es wichtig, dass Sie Ihr Handy immer bei sich tragen und vor allem auch in Ruhe üben, es blind zu bedienen. Sie müssen die Direktruftaste drücken können, auch ohne auf das Display zu schauen, denn im Ernstfall werden Sie wohl kaum dazu kommen, es erst aus der Hosentasche zu ziehen, um die entsprechende Taste zu finden. Diese Vorgehensweise wäre viel zu auffällig.

Tipp 2

Auch für diesen Notfalltipp benötigen Sie ein Handy. Falls Sie kein eigenes besitzen dürfen, bitten Sie jemanden, Ihnen ein Prepaid-Handy zu besorgen. Diese Handys bekommen Sie in vielen Elektronik-Fachmärkten – mit einer gültigen SIM-Karte und einem Startguthaben oft schon für unter 20 Euro. Dieses Handy laden Sie auf und verstecken es an einem sicheren Platz im Badezimmer. Dies kann der Schmutzwäschebehälter oder das kleine Zugangsfach der Badewanne sein. Wichtig ist, dass Sie das Telefonprofil auf stumm stellen, damit es niemals laut hörbar klingeln kann.

Programmieren Sie dort die wichtigsten Nummern sowie den Notruf ein. Falls Sie nun merken sollten, dass Ihr Partner kurz vor einer Eskalation steht, versuchen Sie unbemerkt ins Badezimmer zu gelangen, verriegeln Sie die Tür hinter sich, und rufen Sie sofort telefonisch Hilfe.

Tipp 3

Reagieren Sie völlig anders, als Ihr Partner es von Ihnen erwartet, und bringen Sie ihn so aus dem Konzept. Mit der Zeit hat sich ja ein gewisses Verhaltensmuster herausgebildet, und Sie wissen selbst, wie Sie sich in Akutsituationen normalerweise verhalten. Nun gilt es, diese Muster zu durchbrechen. Verhalten Sie sich völlig gegenteilig zu sonst. Das heißt: Wurden Sie sonst immer ruhig, wenn Sie gespürt haben, dass Ihr Partner kurz davorsteht, wieder zuzuschlagen, dann beginnen Sie nun damit, ihn in ein Gespräch zu verwickeln. Werden Sie ruhig hektisch und verworren. Alles ist erlaubt, was ihn irritieren könnte.

Haben Sie bisher aber eher dazu geneigt, laut und hektisch zu werden, so versuchen Sie nun, völlig ruhig zu bleiben. Oft konzentriert sich der Partner so sehr auf Ihr verändertes Verhalten, dass er mehr oder weniger »vergisst« auszuflippen.

Tipp 4

Versuchen Sie, für die verbleibende gemeinsame Zeit eine Vertrauensperson in Ihrer Wohnung einzuquartieren. Dies ist natürlich nur eine Lösung für einen sehr begrenzten Zeitraum, denn niemand wird scharf darauf sein, unter den gegebenen Umständen mehrere Wochen bei Ihnen zu wohnen. Der Vorteil für Sie ist aber, dass es in dieser Zeit mit größter Wahrscheinlichkeit zu keinem Gewaltausbruch kommen wird, da die Täter in Gesellschaft selten ihr wahres Gesicht zeigen. (Auch hier gibt es natürlich Ausnahmen.)

Dieser Tipp eignet sich gut dazu, sich etwas Zeit zu schaffen, um in Ruhe die Trennung vorzubereiten.

Tipp 5

Verlassen Sie die Ihnen zugewiesene Opferrolle! Wahrscheinlich haben Sie bisher wie fast alle Frauen reagiert, die von körperlicher Gewalt bedroht waren: Sie haben Ihren Partner gebeten, Ihnen nicht wehzutun, haben geweint und gefleht. Tun Sie das ab sofort nicht mehr! Sie geben ihm dadurch nur umso mehr das Gefühl, der Überlegene zu sein.

Versuchen Sie zukünftig, sich Ihre Angst nicht mehr anmerken zu lassen, auch wenn es Ihnen schwerfällt. Versuchen Sie eine gewisse Selbstsicherheit auszustrahlen. Dies wird Ihren Partner irritieren, und er wird versuchen, Sie aus der Reserve zu locken. Bleiben Sie aber hart, und lassen Sie sich nicht provozieren.

Ich gehe!

Wie bereiten Sie eine Trennung von Ihrem gewalttätigen Partner vor und minimieren dabei gleichzeitig Ihr eigenes Sicherheitsrisiko?

Jetzt, da Sie sich positive Zukunftsvisionen geschaffen und auch Ihr Umfeld von der erlittenen Gewalt unterrichtet haben, wird es Zeit, die ersten Schritte für eine sichere Trennung einzuleiten.

Vorbereitung zur Flucht

Als Erstes ist die Frage zu klären, wo Sie die erste Zeit nach der Trennung wohnen können. Natürlich wäre es am besten, wenn Sie bei einem Familienmitglied oder einer guten Freundin unterkommen könnten. Es kann aber auch sein, dass dies aus Sicherheitsgründen nicht möglich ist, weil Sie befürchten müssen, dass Ihr Partner sich auf die Suche nach Ihnen macht. Hier würde sich dann der Gang in das nächstgelegene Frauenhaus anbieten.

Frauenhäuser gibt es in fast jeder Stadt. Die Telefonnummer von Ihrem nächstgelegenem Frauenhaus finden Sie im örtlichen Telefonbuch, im Internet – oder Sie bekommen sie bei Ihrer Polizeistation.

Normalerweise kann man dort zu jeder Tages- und Nachtzeit Zuflucht finden. Besser ist es aber, seinen Umzug dorthin zu planen, da es oft vorkommt, dass alle Zimmer belegt sind und keine neuen Frauen mehr aufgenommen werden können. Dies trifft umso mehr zu, wenn Sie nicht nur für sich alleine Zuflucht suchen, sondern auch noch ein oder mehrere Kinder mitbringen.

Rufen Sie also frühzeitig dort an, und besprechen Sie mit den Mitarbeitern die weiteren Schritte. Falls das Frauenhaus, das Ihnen am nächsten ist, keinen Platz mehr frei hat, wird man Sie an ein anderes weitervermitteln. Oft sind den Frauenhäusern auch möblierte Zufluchtswohnungen angegliedert, und unter Umständen kann man Ihnen dort einen Platz anbieten.

Niemals wird man Ihnen die Adresse des Frauenhauses am Telefon mitteilen. Dies dient der Sicherheit der Frauen, die dort bereits leben. Man wird für gewöhnlich mit Ihnen ein Treffen an einem neutralen Ort vereinbaren und Sie dann direkt zu Ihrem neuen »Zuhause auf Zeit« bringen.

Wichtig ist, dass Sie an diesem besagten Tag möglichst alle wichtigen Unterlagen dabeihaben, da es oft nicht möglich ist, in die ehemalige Wohnung zurückzukehren. Welche Papiere das sein sollten, dazu kommen wir später noch.

Bitte seien Sie sich auch darüber im Klaren, dass Sie in der Regel keine Haustiere mit in Ihr Übergangsdomizil nehmen können. Falls Sie also ein Tier besitzen, welches Sie auch nach der Trennung behalten möchten, versuchen Sie, es übergangsweise in Ihrem Freundes- oder Verwandtenkreis unterzubringen. Sobald Sie wieder eine eigene Wohnung haben, können Sie es dann zu sich holen. Vorausgesetzt, dort ist die Tierhaltung im Mietvertrag erlaubt!

Der nächste Schritt ist das Packen einer Notfalltasche. Folgende Dinge sollten in dieser ihren Platz finden:

- Kleidungsstücke für mehrere Tage

- Originale oder zumindest gute Kopien von wichtigen Dokumenten (Personalausweis, Heiratsurkunde, Kontoauszüge, Sparbücher, Kontokarte, Geburtsurkunden der Kinder, Kindergeldbescheide, Krankenkassenkarten, Impfausweise und Untersuchungshefte der Kinder, eventuell Verdienstnachweise des Mannes, bei Wohneigentum auch eine Kopie vom Kauf- und Darlehensvertrag)

- wichtige persönliche Gegenstände (z. B. Fotos, Lieblingskuscheltiere der Kinder)

- nach Möglichkeit etwas Bargeld

Diese Tasche deponieren Sie möglichst unbemerkt bei Ihrer Vertrauensperson. Für den Fall, dass Sie die Wohnung doch überstürzt verlassen müssen, haben Sie wenigstens die wichtigsten Dinge zusammen.

Im Anschluss notieren Sie sich noch alle wichtigen Nummern aus Ihrem Handy auf einem Zettel. Sie werden es nach Ihrer Flucht nicht mehr benutzen können, da es mittlerweile billige (wenn auch illegale) Ortungsprogramme im Internet gibt, die Ihren Aufenthaltsort verraten könnten.

Damit haben Sie schon einmal die wichtigsten Dinge zur Flucht vorbereitet. Wichtig ist, dass Sie so wenige Menschen wie möglich in Ihre Pläne einweihen. Damit minimieren Sie das Risiko, dass Ihre geplante Flucht vorschnell auffliegt und von Ihrem Partner vereitelt wird.

Für den Fall, dass Sie Kinder haben, die schon in einem verständigen Alter sind, kann ich Ihnen nur raten, auch diesen so lange wie möglich nichts von alledem zu erzählen. Kinder sind meist damit überfordert, etwas vor einem Elternteil geheim zu halten, und vor allem müssen Sie davon ausgehen, dass Ihre Kinder ihren Vater trotz der Gewalt lieben, die Ihnen angetan wird. Egal, wie schlecht sich Eltern teilweise auch verhalten: Die Liebe eines Kindes ist meist bedingungslos.

Auch das Ziel Ihrer Flucht sollten Sie nur den notwendigsten Menschen mitteilen. Gehen Sie davon aus, dass Ihr Partner bei all Ihren Freunden und Verwandten auftauchen wird, wenn er Ihr Verschwinden bemerkt hat. Er wird dort dann den armen verlassenen Partner spielen, der doch immer alles für Sie getan hat und nun gar nicht verstehen kann, dass Sie ihn einfach sitzen gelassen haben. Trotz aller guten Vorsätze kann es dann schon mal passieren, dass jemand umkippt und Ihren Aufenthaltsort preisgibt. Wenn jemand allerdings nichts weiß, kann er auch nichts ausplaudern.

Die Zeit, in der Sie wieder unbeschwerten Umgang mit Ihrer Familie und all Ihren Freunden haben können, kommt schneller, als Sie es sich jetzt vorstellen können. Das ist sicher!

Wie Ihnen die Flucht gelingt

Wenn Sie nun all die vorgenannten Dinge erledigt haben, steht einer erfolgreichen Flucht nichts mehr im Wege. Nun müssen Sie nur noch den Tag X vorbereiten.

Am besten für Ihre Flucht ist es natürlich, wenn Ihr Mann einer geregelten Arbeit nachgeht. Dann können Sie ganz bequem abwarten, bis er das Haus verlassen hat, und falls Kinder vorhanden sind, diese dann von Schule oder Kindergarten abholen. Entweder begeben Sie sich dann zu der Person, mit der Sie bereits besprochen haben, dass Sie die nächste Zeit dort verbringen, oder Sie gehen zu dem vereinbarten Treffpunkt, den Ihnen die Frauenhausmitarbeiterin genannt hat.

Wenn Ihr Partner keiner geregelten Arbeit nachgeht, wird es mit dem Verlassen der Wohnung schon schwieriger. Dann bitten Sie entweder jemanden, der in Ihre Pläne eingeweiht ist, darum, ihn unter einem Vorwand aus der Wohnung zu locken, oder Sie informieren in einem günstigen Moment die Polizei und setzen diese über Ihre Situation in Kenntnis. Die Beamten werden Ihnen dann gerne behilflich sein, dass Sie sicher Ihre Wohnung verlassen können.

Wenn Sie im Anschluss in ein Frauenhaus gehen, wird man dort die weiteren notwendigen Schritte besprechen. Wenn Sie bei Freunden oder Verwandten unterkommen, müssen Sie es selbst in die Hand nehmen, die nächsten Schritte einzuleiten.

Vergessen Sie nicht, sofort Ihr Handy unbrauchbar zu machen, gleich nachdem Sie die Wohnung verlassen haben.

Die nächsten Schritte – nach der Flucht

Das Wichtigste ist zunächst, dass Sie einen Anwalt mit der Fachrichtung Familienrecht aufsuchen. Falls Sie in einer binationalen Partnerschaft leben, gibt es auch hierfür spezielle Anwälte, die sich mit den Besonderheiten auskennen, die diese Verbindungen mit sich bringen. Sollten Sie keine eigenen finanziellen Mittel aufbringen können, um einen Anwalt zu bezahlen, wird dieser Ihnen sicher raten, Prozesskostenhilfe zu beantragen.

Um schnellstmöglich Ihren Lebensunterhalt zu sichern, bis eventuell erste Unterhaltszahlungen von Ihrem Expartner eintreffen, ist auch der Gang zu dem Amt, das in Ihrem Bezirk für die Grundsicherung zuständig ist, ratsam. Hier müssen Sie bedenken: Gezahlt wird frühestens ab dem Tag der Antragstellung. Eine rückwirkende Zahlung ist hier nie möglich. Wenn Sie eine Notsituation nachweisen können, kann es gut sein, dass man Ihnen auch sofort etwas Bargeld oder zumindest Lebensmittelgutscheine aushändigt, damit Sie die Zeit bis zur Antragsbewilligung überbrücken können. Auch die Beiträge Ihrer Krankenversicherung werden für den Fall übernommen, dass Sie nicht familienversichert sind.

Der nächste Schritt ist dann die Wohnungssuche. Falls es in Ihrer Umgebung Wohnungsbaugesellschaften gibt, lassen Sie sich dort bitte auf die mit großer Wahrscheinlichkeit vorhandene Warteliste setzen. Außerdem studieren Sie die aktuellen Tageszeitungen nach aktuellen Wohnungsangeboten. Das Amt für Grundsicherung wird Ihnen mitteilen, wie hoch die Miete inklusive der Nebenkosten sein darf, damit diese Kosten von ihm übernommen werden. Auch eine eventuell anfallende Mietkaution kann dort zumindest auf Darlehensbasis übernommen werden. Ebenso die Erstausstattung der Wohnung oder eventuelle Renovierungs- oder Umzugskosten. Man wird Sie auf dem Amt eingehend über diese Möglichkeiten informieren. Sollten Sie allerdings in der glücklichen Lage sein, selbst über ausreichend finanzielle Mittel zu verfügen, bleibt das Budget Ihnen selbst überlassen.

Sind Sie dann in der glücklichen Lage, eine passende Wohnung gefunden zu haben, steht dem Weg in eine glückliche Zukunft nichts mehr im Wege.

Weniger dramatisch, aber dennoch genauso entschlusskräftig ist die Entscheidung von Kristin, als sie sich endgültig dazu durchringt: Ich gehe!

»Wenn du es dir vorstellen kannst, kannst du es auch machen« – Kristin schafft den Absprung

Kristin lerne ich im Anschluss an eine Lesung kennen, die ich für mein Buch *Gefangen in Deutschland* abgehalten habe. Obwohl ich mich beim Lesen meist auf den Text konzentriere und nur ab und an mal einen Blick über das Publikum schweifen lasse, fällt mir die junge, interessiert zuhörende Frau sofort auf. Bei Textabschnitten, in denen es um die Gewalt geht, die ich erfahren habe, knetet Kristin meist nervös ein Papiertaschentuch in ihren Händen, was mich schlussfolgern lässt, dass sie selbst auch schon Erfahrung mit häuslicher Gewalt gemacht haben muss.

Entgegen meiner Erwartung beteiligt sie sich aber nicht an der anschließenden Diskussionsrunde, und ich habe sie schon fast wieder vergessen, als sie als einer der letzten anwesenden Gäste an meinen Tisch tritt und um eine Widmung in ihr Buchexemplar bittet. Ich schreibe ihr ein paar aufmunternde Worte hinein und beobachte, wie ihr eine Träne aus dem Auge kullert, als sie diese liest. Unter dem Vorwand, etwas frische Luft schnappen zu wollen, bitte ich sie, mich nach draußen zu begleiten.

Nachdem wir ein paar Worte miteinander gewechselt haben, ist schnell klar, dass ich mit meiner Vermutung richtig lag. Tatsächlich hat auch sie ein jahrelang andauerndes Gewaltmartyrium hinter sich. Wir verabreden uns für die nächste Woche in einem Café. Dort möchte sie mir dann ungestört ihre ganze Geschichte erzählen.

Als ich an dem besagten Tag einige Minuten später als verabredet das Café betrete, wartet Kristin schon auf mich. Bevor ich Platz nehme, erkläre ich ihr schnell, dass ich keinen Parkplatz in der Nähe gefunden habe und deshalb ein ziemliches Stück laufen musste. Sie quittiert es mit einem Lächeln. Überhaupt erscheint sie mir auf den ersten Blick viel fröhlicher als an dem Abend der Lesung.

Wir bestellen uns einen Cappuccino, und ich bitte sie, mir ihre Geschichte zu erzählen.

»Ach, am Anfang unterscheidet sie sich sicherlich nicht von hunderttausend anderen«, beginnt sie zögerlich ihren Bericht. »Wir haben uns in einer Diskothek kennengelernt, sind nach einem Jahr in eine gemeinsame Wohnung gezogen und waren voller Träume und Pläne. Christof arbeitete in einer Werbeagentur und war dort für das Erstellen von Texten verantwortlich. Ich habe Floristin gelernt und hatte in meinem ehemaligen Ausbildungsbetrieb nach der Lehre eine Festanstellung bekommen. Mein Beruf bereitete mir sehr viel Freude. Dort konnte ich meine Kreativität ausleben und hatte mit Menschen zu tun. Beides war mir sehr wichtig.

Christof und ich verdienten beide gut und brauchten nicht aufs Geld zu achten. Trotzdem konnten wir jeden Monat noch einen schönen Batzen Geld sparen, um irgendwann unseren Traum von einem Eigenheim zu verwirklichen. Kinder hatten wir – wenn überhaupt – erst für sehr viel später geplant. Erst wollten wir es uns gut gehen lassen und etwas von der Welt sehen. Dann sollte es darangehen, den Traum vom eigenen Haus wahr werden zu lassen, und danach eventuell Kinder.

Leider kam aber alles ganz anders. Obwohl ich sehr zuverlässig mit der Pille verhütete, machte mir eine Magen-Darm-Grippe einen Strich durch die Rechnung, und ich wurde unplanmäßig schwanger. Den Tag, an dem ich Christof mitteilte, dass wir Eltern würden, werde ich so schnell nicht vergessen. Er flippte völlig aus und beschimpfte mich, ich hätte es mit Absicht darauf angelegt, schwanger zu werden, aber da hätte ich die Rechnung ohne ihn gemacht. Entweder ich würde abtreiben, oder er würde mich sofort verlassen. Nun war ich in doppelter Hinsicht schockiert. Zum einen hatte mich die Schwangerschaft ja genauso überrumpelt wie ihn, und zum anderen hätte ich niemals mit so einer gefühlskalten Reaktion von Christof gerechnet. Wir liebten uns doch! – so dachte ich.«

Kristin räuspert sich kurz, bevor sie weiterspricht: »Ich war so maßlos enttäuscht von ihm, dass ich erst mal weinend zu meiner besten Freundin gelaufen bin und ihr alles erzählt habe. Sie kannte

Christof auch schon eine Weile und wollte mir zunächst gar nicht glauben, was ich ihr erzählt habe.

Eine Stunde später stand er auch tatsächlich bei meiner Freundin vor der Tür und hat sich wortreich bei mir entschuldigt. Zunächst war ich sehr erleichtert, aber ich musste schnell feststellen, dass Christof seit diesem Tag nicht mehr derselbe war. Bei der kleinsten Kleinigkeit wurde er mir gegenüber ausfallend, er ging ständig alleine mit seinen Freunden aus, und auf meine Schwangerschaft nahm er null Rücksicht, egal, ob es sich um Hausarbeit oder Sex handelte. Eine Weile habe ich das alles still ertragen, weil ich mich irgendwie schuldig gefühlt habe, dass ich es nicht geschafft hatte, ordentlich zu verhüten. Kurz nachdem unsere Tochter Stina dann geboren wurde, hatte ich allerdings den Verdacht, dass Christof mich betrügen würde. Ich hatte zwei Theaterkarten und eine Restaurantrechnung in seiner Anzugjacke gefunden. Als ich dann auch noch beobachtete, dass er sein Handy plötzlich immer bei sich trug und nicht wie sonst auch mal auf dem Tisch liegen ließ, war mein Misstrauen vollends geweckt, und ich habe ihn mit meinen Vermutungen konfrontiert. Statt einer Antwort hat mir Christof eine Ohrfeige verpasst. Das war das erste Mal, dass er mir Gewalt angetan hatte. Ich war total schockiert und habe zurückgeschlagen. Da ist er komplett ausgerastet und hat mir mit der Faust ins Gesicht geschlagen.

Ich habe plötzlich nur noch Sternchen gesehen und bin zu Boden gegangen. Christof hat dann ohne ein weiteres Wort unsere Wohnung verlassen und ist erst am nächsten Morgen zurückgekommen. Nachdem ich Stina gefüttert hatte, bat mich Christof um ein Gespräch. In meiner grenzenlosen Naivität dachte ich zunächst wirklich noch, er wolle sich bei mir für seinen Ausraster entschuldigen. Was aber dann stattdessen kam, zog mir den Boden unter den Füßen weg.

Ohne Umschweife erklärte er mir, dass er tatsächlich ein Verhältnis mit einer Arbeitskollegin aus der Werbeagentur habe und dass ich zwei Möglichkeiten hätte. Entweder ich würde das akzeptieren und ihm seine Freiheit lassen, oder ich solle mit der Kleinen ausziehen.

In Anbetracht dieser dreisten Forderung blieb mir die Sprache weg. Am selben Abend packte ich noch die nötigsten Sachen von Stina und mir und zog zu meiner Freundin. Natürlich hatte ich die Hoffnung, dass Christof endlich zu sich kommen und einsehen würde, dass er einen Riesenfehler gemacht hatte. In meinen Träumen sah ich ihn reumütig vor der Tür stehen und mich unter Tränen um Verzeihung bitten. Nachdem ich aber schon zwei Wochen bei meiner Freundin verbracht hatte, musste ich feststellen, dass dies tatsächlich nur Träume waren. Christofs meldete sich kein einziges Mal. Noch nicht einmal nach Stina erkundigte er sich. Irgendwann packte mich dann die Wut! Er konnte doch nicht einfach so tun, als ob es uns nie gegeben hätte!?

Kurz entschlossen und gegen den Rat meiner Freundin packte ich also wieder meine Sachen und ging mit Stina zurück in unsere Wohnung. Als Christof am Abend von der Arbeit nach Hause kam, zeigte er sich weder überrascht, noch schien er erfreut über unsere Rückkehr zu sein. Lediglich der Kleinen schenkte er ein Lächeln. Als Stina später im Bett lag, haben wir aber ein gutes Gespräch führen können. Zum ersten Mal erzählte Christof relativ offen, warum sich seine Gefühle für mich so schnell abgekühlt hatten. Er fühlte sich durch meine Schwangerschaft seiner Träume und seiner Freiheit beraubt. Da nutzte es auch wenig, dass ich ja genauso wenig dafür konnte wie er. Im Gegensatz zu ihm hatte ich mich aber schnell mit der veränderten Situation abgefunden, denn ich liebte meine Tochter von ganzem Herzen.

Nach einigem Hin und Her beschlossen Christof und ich, es noch einmal miteinander zu versuchen. Allerdings muss ich ehrlicherweise zugeben, dass ich nicht viel Hoffnung hatte, dass sich noch etwas an unserer Beziehung ändern würde.

In den folgenden Wochen kehrte dann so etwas wie Normalität ein, und obwohl ich genau wusste, dass Christof regelmäßig seine Geliebte besuchte, hielt ich meinen Mund und versuchte ihm jeden Wunsch von den Augen abzulesen. Ich hatte einfach die Hoffnung, dass er einsehen würde, dass er mit mir und Stina ein glückliches Familienleben führen konnte, auch ohne dass wir die Welt bereist oder ein Haus gebaut hatten. Stina war außerdem ein echter Sonnenschein und machte mir viel Freude. Sie war fast immer am Strahlen, weinte nur selten und war ein aufgewecktes Kind.

Leider dauerte es nicht lange, und Christofs Aggressivität kehrte zurück. Am Anfang beschränkte er sich darauf, mich nur verbal zu beleidigen. Mal nannte er mich dumm, ein anderes Mal hässlich, und beim nächsten Mal war ich plötzlich fett und unattraktiv. Obwohl ich natürlich genau wusste, dass dies nicht den Tatsachen entsprach, nahm es mich trotzdem sehr mit, und mit der Zeit wurde ich fast depressiv.

Dann kam der Tag, an dem er mir wieder wegen einer Kleinigkeit eine Ohrfeige verpasste. Das machte mich so wütend, dass ich ihm daraufhin vor die Füße spuckte. Das brachte ihn erst richtig in Rage. Er riss meinen Kopf an den Haaren, drückte ihn zu Boden und stieß mich mit meinem Gesicht in die Spucke. Anschließend zog er seinen Gürtel aus der Hose und verprügelte mich brutal damit. Die Schläge prasselten nur so auf mich hernieder. Ich hatte die ganze Zeit nur meine Tochter im Kopf, die in ihrem Zimmer spielte. Ich betete zu Gott, dass sie nicht durch den Lärm angelockt ins Wohnzimmer kommen und mich in dieser schlimmen Situation sehen würde. Es erschien mir wie eine Ewigkeit, bis diese Bestie in Männergestalt endlich von mir abließ. Wie auch schon beim ersten Mal verließ er anschließend ohne ein weiteres Wort die Wohnung und ließ mich weinend und blutend am Boden liegen.

Ich weiß nicht, wie lange ich dort lag und mich einfach wie tot fühlte, aber irgendwann setzte mein Verstand wieder ein, und ich musste an Stina denken, die immer noch in ihrem Zimmer spielte. Ich musste mich dringend um die Kleine kümmern. Mit zitternden Knien stand ich vom Fußboden auf und schleppte mich ins Badezimmer. Mein Zustand war grauenvoll. Am ganzen Körper hatte ich Striemen, und es gab keinen Zentimeter, der nicht schmerzte. Ich wusch mir mein Gesicht, zog meine Kleider von meinem schmerzenden Körper und hüllte mich in meinen Bademantel. Anschließend versorgte ich notdürftig Stina und brachte sie zu Bett.

Als ich später alleine auf dem Sofa saß und meine Situation überdachte, wurde mir bewusst, dass ich dringend mein Leben in Ordnung bringen musste. Fakt war, dass Christof weder mich noch unsere Tochter liebte, und diese Liebe würde auch nicht zurückkehren. Obwohl ich ihn merkwürdigerweise immer noch sehr lieb hatte. Ich ärgerte mich ja selbst darüber, aber ich kam nicht gegen meine Gefühle an. Trotzdem musste ich nun handeln. Ich wollte meiner Tochter so eine kranke Beziehung auf keinen Fall zumuten.«

Bedeutungsvoll sah Kristin mich an. Ich hatte ihr bis dahin still zugehört. Wie so oft bei solchen Gesprächen hatte ich das Gefühl, dass es ihr guttat, sich alles von der Seele zu reden, auch wenn sie das bisher sicher schon des Öfteren getan hatte, denn ich war mir sicher, dass Kristin zu den kommunikativen Menschen gehörte. Diese haben es in der Regel leichter, dass Erlebte zu verarbeiten. Oft genug spreche ich auch mit Frauen, denen man förmlich jeden Satz aus der Nase ziehen muss, und so kenne ich die Unterschiede genau.

Kristin widmet sich nun ausgiebig ihrem Cappuccino, der in der Zwischenzeit längst kalt geworden ist, bevor sie schließlich weiterspricht: »Nachdem ich einmal den Entschluss gefasst hatte, diese unwürdige Beziehung zu beenden, ging alles ganz schnell. Gleich am nächsten Tag ging ich erst mal zu meinem Arzt und ließ mir meine Verletzungen bescheinigen. Dies wollte ich notfalls als Druckmittel benutzen, falls Christof mir Schwierigkeiten machen sollte. Schließlich musste er ja für mich und die Kleine Unterhalt bezahlen, und ich war mir sicher, dass er versuchen würde, sich davor zu drücken. Anschließend ließ ich mich umfassend anwaltlich beraten. Mein Anwalt war es auch, der mir den Rat gab, in der Wohnung zu bleiben und von Christof zu verlangen, dass er auszog.

Als er dann einen Brief von meinem Anwalt mit genau dieser Aufforderung bekam, ist er total ausgerastet, und um ein Haar hätte er mich wieder verprügelt. Doch er beschränkte sich darauf, den Brief in viele Einzelteile zu zerreißen und ihn mir vor die Füße zu werfen.

Ein paar Tage später hat er dann aber tatsächlich seinen Koffer gepackt und ist ausgezogen. Ich vermute mal, dass ihm dies sein Anwalt geraten hat, den er sich inzwischen genommen hatte. Es gab dann noch einen richtigen Kampf um die Unterhaltszahlungen und die Möbel, die wir ja zum Teil gemeinsam angeschafft hatten, aber da ich ja während meiner Berufstätigkeit immer gut verdient und mir so einiges gespart hatte, blieb mir Gott sei Dank der Gang zum Amt erspart, und ich konnte diese Zeit gut überbrücken. Letztendlich kam er ja um die Zahlungen doch nicht herum und musste sogar eine dicke Nachzahlung leisten. Den Teil der Möbel, die er für sich beanspruchte, habe ich ihm gerne überlassen. Für mich hingen da sowieso zu viele negative Erinnerungen dran. Ich hab mir dann einfach in einem Gebrauchtmöbelhaus ein paar andere Sachen besorgt. Die waren vielleicht nicht so hochwertig, aber dafür gehörten sie mir alleine.«

Kristin atmet tief durch. Ich lächele ihr aufmunternd zu. »Wie geht es dir heute?«, möchte ich gerne von ihr wissen.

Die Antwort kommt wie aus der Pistole geschossen: »Gut! Sehr gut sogar. Ich habe zwar einige Zeit gebraucht, bis ich diese Enttäuschung verkraftet habe, aber ich habe auch viel daraus gelernt. Ich hätte damals, als ich zu meiner Freundin gezogen bin, gar nicht mehr zurückkehren dürfen. Seine Reaktion hat mir ja schon damals deutlich gezeigt, dass Stina und ich keinen Stellenwert für ihn haben. Ich wollte es nur nicht einsehen. Obwohl ich aber fairerweise sagen muss, dass er sich heute gut und regelmäßig um seine Tochter kümmert. Alle 14 Tage ist Papa-Wochenende, und da hält er sich auch penibel genau daran. Stina geht nach anfänglichen Schwierigkeiten auch gerne zu ihm, und ich genieße die freie Zeit, die ich dann nur für mich habe.«

»Gibt es einen neuen Mann in deinem Leben?«, stelle ich ihr noch die Frage, die mich im Moment am meisten interessiert.

Kristin scheint einen Moment lang zu überlegen, bevor sie antwortet: »Einen in meinem realen Leben noch nicht. Ich habe mich aber vor ein paar Wochen bei einem Dating-Internet-Portal angemeldet und dort per E-Mail einen netten Mann kennengelernt. Im Moment telefonieren wir regelmäßig und suchen gerade nach einem Termin, an dem wir uns dann das erste Mal treffen wollen.«

Eine leichte Röte umspielt jetzt ihr Gesicht, und sie sieht fast so aus, als ob sie etwas Verbotenes tun würde. Irgendwie hat Kristin mit diesem Gesichtsausdruck etwas von einem Teenager, und ich muss unwillkürlich lächeln. Ich spüre, wie so etwas wie Dankbarkeit meinen Körper durchflutet. Hier vor mir sitzt eine weitere Frau, die den Absprung aus einer von Gewalt geprägten Beziehung geschafft hat. Sie hat ihr Leben selbst in die Hand genommen und für sich und ihre Tochter das Beste herausgeholt. Das, und nur das ist es, was ich mir für alle Frauen wünsche, die der Gewalt und der Willkür ihrer prügelnden Männer ausgesetzt sind. Packen Sie es an! Sie können nur gewinnen! Oder wie Walt Disney einst sagte: »Wenn du es dir vorstellen kannst, kannst du es auch machen.«

Die Kinder bleiben bei mir!

Welche Besonderheiten sind zu beachten, wenn gemeinsame Kinder vorhanden sind?

Bisher habe ich das Thema Kinder nur am Rande erwähnt. Hier möchte ich nun genauer darauf eingehen, da es einige Besonderheiten zu beachten gibt, falls auch Kinder von der Trennung oder sogar von der Gewalt betroffen sind.

Wenn es sich um gemeinsame Kinder handelt, dann ist es inzwischen üblich, dass auch beide Elternteile das Sorgerecht für die Kinder haben. Dies wird heute automatisch so gehandhabt, falls es keine wichtigen Interessen gibt, die dem entgegenstehen.

Wenn Sie nun mit dem Kind oder den Kindern die gemeinsame Wohnung zu einem unbekannten Aufenthaltsort verlassen, könnte es sein, dass Ihr Expartner Sie wegen Kindesentführung oder Kindesentzug anzeigt. Deshalb ist es wichtig, dass Sie zum einen so schnell wie möglich einen Anwalt aufsuchen und zum anderen einen Termin bei Ihrem zuständigen Jugendamt vereinbaren.

Dort erklären Sie Ihre Situation und warum es Ihnen nicht möglich ist, dem Kindesvater Ihren Aufenthaltsort mitzuteilen. Falls Ihre Kinder auch das Opfer von häuslicher Gewalt geworden sind, ist es ratsam, auch diesen Umstand offen mit den Mitarbeitern des Jugendamtes zu besprechen. Grundsätzlich gilt nämlich, dass beide Elternteile das Recht auf Umgang mit dem Kind oder den Kindern haben. Falls Ihr Expartner aber auch den Kindern gegenüber gewalttätig geworden ist, kommt hier unter Umständen nur ein begleiteter Umgang infrage. Das würde bedeuten, dass der Kindesvater an festgelegten Tagen seine Kinder sehen darf, diese Treffen aber in der Regel in den Räumen des Jugendamtes oder einer anerkannten Jugendhilfestelle unter Aufsicht eines Sozialarbeiters oder einer psychologisch geschulten Fachkraft stattfinden, die darauf achten, dass diese Treffen dem Kindeswohl dienen und in ruhiger und friedlicher Atmosphäre verlaufen.

Wichtig ist auch, dass Sie wissen, dass Sie dazu verpflichtet sind, Ihren Kindern einen guten Umgang mit dem Vater zu ermöglichen. Sie dürfen auf keinen Fall Ihre eigenen negativen Gefühle dem Kindesvater gegenüber – auch wenn diese nur menschlich und verständlich sind – bei den Kindern thematisieren, da ein solches Verhalten – sollte der Vater es nachweisen können – im Ernstfall auch den Verlust Ihres Sorgerechts mit sich bringen kann.

Sensibilisieren Sie aber die Mitarbeiter für Ihre besondere Situation, und bitten Sie vor allem darum, dass bei dem Schriftverkehr zwischen Jugendamt und Kindesvater Ihre neue Wohnadresse nicht preisgegeben wird. Sollten die Jugendamtsmitarbeiter dies nicht gewährleisten wollen, nehmen Sie hierfür notfalls auch die Hilfe der Polizei und Ihres Anwalts in Anspruch. Im Optimalfall gibt es vielleicht tätliche Übergriffe durch Ihren Expartner, die auch der Polizei bekannt sind, sodass die Beamten Ihnen eine besondere Gefährdungslage bescheinigen können. Dies ist aber nicht die Regel und müsste im Einzelfall abgesprochen werden.

Auch einen Antrag auf Unterhaltsvorschuss können Sie für den Fall stellen, dass der Kindesvater keinen Unterhalt zahlt. Dieser wird für längstens 72 Monate und höchstens bis zum 12. Lebensjahr des Kindes gezahlt und ist etwas geringer als der normale Regelunterhalt. Wichtig zu wissen ist auch, dass es sich hier nicht um eine Sozialleistung im üblichen Fall handelt, sondern der Kindesvater für den gezahlten Unterhaltsvorschuss dem Jugendamt gegenüber unter Umständen regresspflichtig ist. Auch dazu wird Ihnen Ihr Jugendamt gerne weitere Informationen erteilen.

Kerstin und Ralf – eine deutsch-deutsche Beziehung: Teil 4

Als Kerstin nach über zwei Stunden den Telefonhörer aufgelegt hat, fühlt sie sich leicht wie schon lange nicht mehr. Es hat so gutgetan, ihrer Freundin Maja endlich einmal die ganze traurige Wahrheit zu erzählen. Maja war entsetzt. Sie hat zwar schon lange vermutet, dass in Kerstins Beziehung einiges im Argen liegt, dass es aber so schlimm ist, dass ihre Freundin regelrecht misshandelt wird – nein, damit hat sie dann doch nicht gerechnet.

Natürlich hat sie Kerstin sofort ihre Hilfe angeboten, und nachdem Maja noch kurz Rücksprache mit ihrem Mann gehalten hat, war klar, dass Kerstin mit ihrem Sohn zunächst in Majas Gästezimmer einziehen würde. Dank des gezielten Eingreifens der Polizei hat Kerstin ein paar Tage Ruhe, um ihre Trennung vorzubereiten und alle wichtigen Unterlagen zusammenzusuchen. Maja richtet unterdessen das Gästezimmer her und spendiert sogar ein Reisebett für Kerstins Sohn.

Die paar Tage, die Kerstin noch in der Wohnung verbringt, lebt sie unter großer Anspannung. Eigentlich rechnet sie permanent damit, dass Ralf auf einmal vor ihrer Tür steht. Erstaunlicherweise gibt es aber keinerlei Kontaktaufnahme von seiner Seite, und es würde Kerstin brennend interessieren, was die Beamten ihm erzählt haben, dass er sich auch wirklich an die Kontaktsperre hält. Trotzdem ist sie vorsichtig. Besonders an dem Tag, als sie mit ihrem Sohn und ein paar gepackten Taschen für immer ihr bisheriges Zuhause verlässt.

Sie hat darauf verzichtet, sich von Maja abholen zu lassen, da sie nicht weiß, ob Ralf nicht irgendwo da draußen steht und die Wohnung beobachtet. In diesem Fall würde er ja gleich wissen, wo er Kerstin zu suchen hat.

Nein, so einfach will Kerstin es ihm nicht machen, und so hat sie ein Taxi bestellt. Sie erklärt dem netten Taxifahrer kurz ihre Situation und bittet ihn, nicht auf dem direkten Weg zu der angegebenen Adresse zu fahren.

Als sie eine halbe Stunde später endlich an Majas Esszimmertisch sitzt und eine heiße Tasse Kaffee vor sich stehen hat, fällt erst einmal sämtliche Anspannung der letzten Tage von ihr ab, und sie bricht in Tränen aus. Diesmal sind es allerdings keine Tränen des Schmerzes, sondern die der Erleichterung. Maja nimmt sie in die Arme und wiegt sie hin und her wie ein kleines Kind. Natürlich hätte sie ihrer Freundin gerne mal den Kopf gewaschen und sie gefragt, warum sie sich nicht schon viel eher Hilfe geholt hat, aber sie ist auch sensibel genug, um zu wissen, dass dies nun der verkehrte Zeitpunkt ist, und so beschränkt sie sich einfach darauf, für ihre beste Freundin da zu sein.

Auch als Majas Mann am Abend nach Hause kommt, begrüßt er Kerstin freundlich, und so hat sie nicht einen Moment lang das Gefühl, zu stören oder vielleicht doch nicht willkommen zu sein.

Am nächsten Morgen erwacht Kerstin frisch und voller Tatendrang. Sogar ihre Befürchtungen, dass ihr kleiner Sohn in der fremden Umgebung und in dem Reisebett nicht zur Ruhe kommen würde, erweisen sich als unbegründet. Es ist gerade so, als ob sich Kerstins Ruhe auch auf ihren Sohn übertragen würde, denn der Kleine hat problemlos durchgeschlafen.

Nach dem Frühstück nimmt Kerstin sich einen Zettel zur Hand und beginnt darauf die nächsten notwendigen Schritte zu notieren. Als Erstes muss sie zum Sozialamt, um wenigstens den Lebensunterhalt zu sichern, denn dass Ralf freiwillig Unterhalt bezahlen wird, bezweifelt sie. Oft genug hat er ja angekündigt, dass, wenn der Fall eintreten sollte, dass Kerstin sich von ihm trennen würde, er sofort seinen Job kündigen würde, um sich vor etwaigen Zahlungen zu drücken. Der nächste Schritt ist dann der Gang zum Jugendamt. Ralf hat ja ebenfalls damit gedroht, sie dort anzuzeigen und zu behaupten, dass sie eine schlechte Mutter wäre. Sie will dem unbedingt zuvorkommen und mit einer Mitarbeiterin sprechen, bevor Ralf dort auftritt, um seine Lügen zu verbreiten. Auch einen Anwalt muss sie dringend aufsuchen. Sie hat zwar noch keine Ahnung, wovon sie den bezahlen soll, aber ihr ist klar, dass es ohne Anwalt nicht funktionieren wird.

Als Kerstin sieht, wie schnell sich der Zettel mit den noch zu erledigenden Dingen füllt, ist sie schon wieder kurz davor zu resignieren. »Das kann ich doch unmöglich alles schaffen«, schießt es ihr durch den Kopf. Maja scheint aber ihre Gedanken erraten zu haben, denn sie legt der Freundin beruhigend ihre Hand auf die Schulter und zwinkert ihr aufmunternd zu. »Du schaffst das schon!«

Dankbar schaut Kerstin sie an. Plötzlich kann sie gar nicht mehr verstehen, dass sie ihre Freundin nicht schon eher ins Vertrauen gezogen hat. Ja, sie wird es schaffen. Es wird nicht einfach werden, aber sie wird es schaffen!

Ellen und Cemal – eine bikulturelle Beziehung: Teil 4

Mittlerweile hat sich Ellen einen Plan zurechtgelegt. Sie hat etwas im Internet gestöbert und sich die Telefonnummer des nächsten Frauenhauses besorgt. Die Mitarbeiterin am Telefon ist sehr nett gewesen und hat Ellen bereits wertvolle Tipps für ihren Auszug gegeben. Seit Langem hat Ellen das erste Mal wieder so etwas wie Hoffnung, dass doch noch alles gut werden könnte. Immer wenn Cemal zur Arbeit geht, packt sie wieder einige wichtige Dinge in den Koffer, den sie mitnehmen will. Auf diese Art und Weise ist es nicht so auffällig, da nicht auf einmal ein Großteil ihrer Sachen fehlt. Den Koffer versteckt sie in der hintersten Ecke der Abstellkammer. Dorthin geht Cemal normalerweise nie, und trotzdem ist Ellens Angst groß, dass ihre geplante Flucht vorschnell auffliegen könnte.

Eines Abends kommt es dann auch fast dazu. Cemal hat ein neues Regal mitgebracht und sucht verzweifelt seinen Akkuschrauber. Normalerweise bewahrt er sein Werkzeug in der Garage auf, die neben der Wohnung liegt, aber leider findet sich das Werkzeug dort nicht. Nachdem er eine Weile nachgedacht hat, setzt er seine Suche plötzlich in der Abstellkammer fort, und Ellen wird ganz schlecht vor lauter Angst. Kaum auszudenken, was passieren würde, wenn Cemal den Koffer findet. Sofort muss Ellen wieder an den Tag denken, an dem Cemal mit ihr in den Wald gefahren ist und sie erschießen wollte. Ein zweites Mal würde er keinen Rückzieher machen. Dessen ist Ellen sich sicher.

Sie scheint allerdings einen Schutzengel zu haben, denn der gesuchte Akkuschrauber liegt gleich vorne auf dem Regal, und so schließt Cemal wieder die Tür hinter sich, ohne etwas Auffälliges zu bemerken. Erleichtert atmet Ellen auf.

Schneller, als Ellen lieb ist, kommt der Tag, für den sie ihre Flucht geplant hat. Ja, es handelt sich mehr um eine Flucht als um eine Trennung, da Cemal sie niemals freiwillig gehen lassen würde.

Nachdem er am Morgen die Wohnung verlassen hat, um zur Arbeit zu gehen, steht Ellen schnell aus ihrem Bett auf und wählt die Nummer der Frauenhaus-Mitarbeiterin, um ihr nochmals zu bestätigen, dass sie gleich die Wohnung verlassen wird, um pünktlich an dem vereinbarten Treffpunkt zu sein. Danach duscht sie ein letztes Mal ausgiebig in ihrem Badezimmer. Während ihr das heiße Wasser über den Rücken läuft, lässt sie die letzten Monate noch einmal Revue passieren. Es sind so viele schreckliche Dinge passiert, die sie vorher niemals für möglich gehalten hätte.

Natürlich weiß sie, dass es Gewalt in der Partnerschaft gibt, aber bisher waren immer nur andere davon betroffen gewesen. Ellen hat sich niemals vorstellen können, dass es sie selbst auch einmal treffen könnte. Irgendwie schämt sie sich sogar ein bisschen, weil sie früher immer gedacht hatte, dass geschlagene Frauen gewissermaßen ja auch einen Teil der Schuld tragen. Sie war damals der Meinung gewesen, dass sie ja schließlich einfach gehen könnten. Niemand zwang sie dazu, bei einem gewalttätigen Partner zu bleiben.

Voller Stolz hatte sie sogar immer behauptet, dass ihr so etwas nicht passieren könnte, da sie sich niemals einen Mann zum Partner nehmen würde, der gewalttätig wäre. Dumm nur, dass sie dabei nicht daran gedacht hatte, dass man es ja keinem Menschen ansieht, ob er zuschlägt oder nicht. Leider, leider steht das niemandem auf der Stirn geschrieben. Ellen stößt bei diesen Gedanken ein bitteres Lachen aus und hüpft aus der Dusche. Plötzlich hat sie es nun eilig, aus der Wohnung zu kommen. Zu groß ist die Angst, dass Cemal plötzlich vor ihr stehen könnte. Es könnte ja sein, dass er plötzlich erkrankt oder etwas Wichtiges zu Hause vergessen hat. Nein! Dieses Risiko will sie nicht eingehen.

Schnell schlüpft Ellen in die bereitgelegten Kleidungsstücke und zerrt ihren Koffer aus der Abstellkammer. Einen Moment noch überlegt sie, ob sie Cemal einen kurzen Abschiedsbrief hinterlassen soll, verwirft aber diesen Gedanken gleich wieder. Nein! Wozu sollte sie sich die Mühe machen? Cemal war ja nicht mal das Papier wert, auf dem sie diesen Brief schreiben würde.

So schnell sie kann, zieht sie sich noch ihre Jacke über und will gerade die Wohnung verlassen, als das Telefon plötzlich klingelt. Leider hat sie keinen Apparat mit Rufnummernübertragung, sodass sie nicht weiß, ob es sich nicht vielleicht um einen von Cemals unzähligen Kontrollanrufen handelt. Noch zögert sie, den Hörer abzunehmen, aber sie ist intelligent genug zu wissen, dass für den Fall, dass es wirklich ihr Freund sein sollte, der gerade versucht, sie zu erreichen, es besser ist, wenn sie drangeht. Anderenfalls würde Cemal unter Garantie sofort seinen Arbeitsplatz verlassen und nach Hause kommen, um zu kontrollieren, warum Ellen nicht ans Telefon gegangen ist, und so ihre Flucht vorschnell bemerken. Vielleicht sogar noch bevor sie in Sicherheit ist. Die Wohnung einfach so ohne Absprache zu verlassen ist ihr längst verboten worden.

Mit zitternden Händen nimmt sie den Hörer ab. Tatsächlich ist am anderen Ende der Leitung Cemal, der offensichtlich sofort die Unsicherheit in Ellens Stimme bemerkt. Natürlich will er sofort wissen, was denn los sei. Weil Ellen auf die Schnelle nichts anderes einfällt, behauptet sie, dass ihr der Ring, den Cemal ihr geschenkt hat, in den Abfluss des Waschbeckens gefallen sei und sie nun Angst hätte, dass er böse sein könnte. Cemal zweifelt keine Sekunde an dieser Ausrede und verspricht ihr gönnerhaft, dass dies keine Konsequenzen für Ellen hätte und er ihr im nächsten Türkeiurlaub einen neuen kaufen würde. Zum Glück beendet er dann das Gespräch, und Ellen verlässt auf dem schnellsten Wege die Wohnung.

Die erste Erleichterung kommt, als sie eine halbe Stunde später endlich im Bus sitzt. Als sie eine weitere halbe Stunde später schließlich an dem vereinbarten Treffpunkt ankommt und von zwei netten Frauen in Empfang genommen wird, fühlt sie sich endgültig besser. Die beiden helfen Ellen, ihre Sachen in einem dunklen Kombi unterzubringen, und bringen sie anschließend direkt in das Frauenhaus. Dort geht es zu wie in einem Bienenschwarm. Unzählige Frauen und ihre Kinder laufen über die Flure, und es ist ein bunt gemischtes Stimmengewirr, in das Ellen nun eintaucht.

Bevor man Ellen ihr Zimmer zeigt, geht es erst in ein Büro, um die notwendigen Formalitäten zu erledigen. Eine Menge Papierkram wartet darauf, erledigt zu werden, und zum Schluss bekommt Ellen noch die Hausordnung in die Hand gedrückt. Als sie etwas später dann endlich ihr Zimmer zugewiesen bekommt, sinkt sie gleich erschöpft auf ihr Bett. Das Zimmer war einfach, aber trotzdem gemütlich eingerichtet. Ja, hier kann sie es eine Weile aushalten. Von hier aus wird sie ihr Leben nun neu gestalten und hoffentlich irgendwann vergessen können, was Cemal ihr angetan hat. Ellen weiß, dass sie gerade erst am Anfang des Weges steht, aber gibt es nicht ein Sprichwort, das besagt, dass auch der längste Weg mit dem ersten Schritt beginnt? Ja, und diesen ersten Schritt hat sie nun gewagt, und sie ist stolz darauf!

Geschafft! Und nun?

Was müssen Sie beachten, wenn Sie den Schritt in ein gewaltfreies Leben geschafft haben?

Es muss jeder Frau bewusst sein, dass der eigentliche Trennungsprozess erst mit dem Auszug aus der ehemals gemeinsamen Wohnung beginnt. In der Regel kämpfen gewalttätige Männer um die Rückkehr ihrer ihnen abhandengekommenen Partnerin. In der Wahl der Mittel sind sie da meist nicht zimperlich, und in den seltensten Fällen geht es fair zu. Sie sollten sich also vorsorglich schon mal ein dickes Fell zulegen und sich auf so einiges gefasst machen. Wenn Sie mit dieser Einstellung in den Trennungsprozess gehen, wird es Ihnen wesentlich leichter fallen.

Im Optimalfall befinden Sie sich nun an einem sicheren Ort und haben die wichtigsten Schritte, die ich Ihnen im vorherigen Kapitel genannt habe, schon eingeleitet. Wahrscheinlich ist Ihr Ex mittlerweile bei all Ihren Verwandten und Freunden aufgetaucht und hat dort sein Leid geklagt. Natürlich wird er sich als armes Opfer und Sie als die Böse dargestellt haben. Sehr beliebt ist hier auch die Variante, Ihnen einen Liebhaber unterzujubeln. Machen Sie sich nichts draus. Sie wissen es schließlich besser!

Oberstes Gebot ist nun, dass Sie sich nicht aus der Ruhe bringen lassen und Ihre Ziele konsequent weiterverfolgen. Achten Sie darauf, dass Sie Ihrem Umfeld so wenig wie möglich an Informationen über Ihre geplanten Schritte zukommen lassen.

Das hat nichts mit Misstrauen zu tun, aber verlassene Männer können sehr, sehr hartnäckig sein, wenn es um das Beschaffen für sie notwendiger Informationen geht.

Wichtig ist auch, dass Sie nicht zu sorglos mit Ihrer Sicherheit umgehen. Auch wenn Sie vielleicht in einem weiter entfernten Stadtteil untergebracht sind, heißt das nicht, dass Ihr Ex Sie dort nicht finden könnte. Wenn er über die notwendigen finanziellen Mittel verfügt, könnte es sogar sein, dass er einen Detektiv damit beauftragt, Ihren Aufenthaltsort ausfindig zu machen. Deshalb ist es äußerst wichtig, dass Sie nicht zu vertrauensselig sind und sich, auch wenn Sie draußen unterwegs sind, immer vergewissern, dass Sie nicht verfolgt werden.

Und nun noch eine ganz große Bitte an Sie: Falls er Sie doch ausfindig machen sollte und Sie auf Knien bittet, zu ihm zurückzukommen – tun Sie es nicht, sei denn, Sie bringen ihm noch positive Gefühle gegenüber auf und er weist Ihnen nach, dass er eine Antigewalt-Langzeittherapie absolviert hat. Denn nur dann dürften Sie eine berechtigte Hoffnung haben, dass Ihr Expartner seine Aggressionen im Griff hat.

Bedenken Sie: Ein Mann, der seine Frau schlägt, ist psychisch schwer krank, und nur eine Therapie kann ihm wirklich und nachhaltig helfen. Gute Vorsätze seinerseits reichen hier nicht aus und wären von vornherein zum Scheitern verurteilt.

Es ist nicht so, dass Ihr Expartner es in dem Moment, in dem er Ihnen verspricht, Sie nie wieder zu schlagen, nicht auch genau so meinen würde, aber seine Gewaltbereitschaft ist etwas, was er längst nicht mehr selbst steuern kann, und bei der nächsten Stresssituation würde ihm garantiert wieder die Hand ausrutschen.

Formulare ausfüllen und offizielle Stellen informieren – Fünf Tipps, die Ihnen den Umgang mit Behörden und Anwälten erleichtern

Anwälte und Behörden werden nun mit größter Wahrscheinlichkeit in der nächsten Zeit Ihr ständiger Begleiter werden, denn es braucht seine Zeit, bis alles geregelt und in vernünftige Bahnen gebracht ist.

Wenn Sie die nachfolgenden Tipps beherzigen, werden Sie zu optimalen Ergebnissen kommen.

Tipp 1

Seien Sie offen!

Erzählen Sie Ihrem Anwalt und auch den Sachbearbeitern auf den Behörden unbedingt von der Gewalt, die Sie erlitten haben. Hier geht es nicht darum, auf die Tränendrüse zu drücken und Mitleid zu schinden, sondern den Menschen einen realistischen Einblick in Ihre Situation zu gewähren. Ein Schamgefühl Ihrerseits ist hier völlig fehl am Platz!

Tipp 2

Bestehen Sie bei Ihrem Anwalt und bei allen Behörden darauf, dass Ihre Adresse diskret behandelt wird und bei einem eventuellen Schriftwechsel mit Ihrem Expartner unter keinen Umständen in den Briefen genannt wird.

Bitten Sie darum, auch auf Ihren Akten einen entsprechenden Vermerk anzubringen, damit nicht versehentlich eine Sekretärin oder Urlaubsvertretung dieses Verbot missachtet.

Tipp 3

Sollten Sie die Kosten für einen Anwalt nicht aus eigenen finanziellen Mitteln bestreiten können, steht Ihnen unter Umständen Prozesskostenhilfe oder ein Beratungsschein des Amtsgerichts zu. Ihr Anwalt wird Sie diesbezüglich über alle Möglichkeiten aufklären und Ihnen bei der Antragsstellung behilflich sein.

Tipp 4

Bei der Wahl Ihres Anwalts sollten Sie daran denken, dass Sie diesem sehr offen und in allen Details die erlittene Gewalt schildern müssen. Dies ist im Hinblick auf den späteren Scheidungsprozess oder auch andere gerichtliche Auseinandersetzungen, die Sie vielleicht mit Ihrem Expartner führen müssen, von absoluter Wichtigkeit. Überlegen Sie sich vorher, ob Sie relativ unbefangen auch mit einem Ihnen fast fremden Mann über diese Dinge reden können. Wenn Sie dies von Anfang an ausschließen, sollten Sie sich besser eine Anwältin nehmen. Oft fällt es von Frau zu Frau leichter, über diese Dinge zu sprechen.

Tipp 5

Sollten Sie sich im Nachhinein noch dazu entschließen, Misshandlungen oder auch sexuelle Gewalt, die Ihnen Ihr Expartner angetan hat, anzuzeigen, so sagen Sie auf der Polizeistation gleich, warum Sie gekommen sind.

Auf jeder Polizeistation gibt es für diese Fälle speziell geschulte Beamtinnen, die sich Ihrer annehmen werden. Diese sind auf solche Fälle spezialisiert und verfügen über ein großes Einfühlungsvermögen. Das macht es Ihnen leichter, über die schlimmen Dinge zu reden, die Sie erlebt haben.

Dass die Hilfe der Polizei in vielen Fällen unerlässlich ist, zeigt auch die folgende Geschichte:

»Aber meiner ist ganz anders« – ein oft trügerischer Satz

Anna ist 26 Jahre alt und hat keine Kinder. Ich lerne sie im Rahmen meiner ehrenamtlichen Beratungstätigkeit für den CiB (Community of interests against Bezness) kennen. Ich bin dort unter anderem für den Bereich der binationalen Paare zuständig und berate bei vorhandenen Schwierigkeiten.

Als Anna mich zum ersten Mal kontaktiert, geht es ihr sehr schlecht. Sie hatte sich in ihrem Tunesienurlaub in den einheimischen Barkeeper ihres Hotels verliebt und suchte seitdem verzweifelt nach einer Möglichkeit, ihn nach Deutschland zu holen. Alle Versuche meinerseits, ihr das auszureden, scheiterten kläglich. Dabei war es seit vielen Jahren und dank der kontinuierlichen Aufklärungsarbeit von Evelyne Kern, der Gründerin des CiB, und ihrem Team, bekannt, dass Männer aus vorwiegend ärmeren orientalischen Ländern alles daransetzen, deutschen Touristinnen die große Liebe vorzuspielen, damit diese sie heiraten und ihnen damit die Tür nach Deutschland öffnen.

Haben sie dieses Ziel erreicht, geben sie sich zunächst alle Mühe, den perfekten Ehemann zu spielen. Sobald sie aber lange genug verheiratet sind, dass sie einen unbefristeten Aufenthaltsstatus in Deutschland bekommen, oder sie aber Vater werden, lassen sie ihre Maske fallen, und nicht selten enden solche Ehen für die betroffenen Frauen in schlimmster Gewalt und einem absoluten finanziellen Desaster. Aus Liebe und auf Drängen des Ehemannes nimmt nämlich ein Großteil dieser Frauen auch noch einen Kredit auf, um im Heimatland des Mannes ein Haus zu kaufen oder zu bauen. Ihnen wird weisgemacht, dass dies zunächst als Urlaubsdomizil und später als Altersruhesitz dienen soll. In der Realität sieht es aber meist so aus, dass der Mann sich scheiden lässt, sobald er die unbefristete Aufenthaltserlaubnis hat, und dann auf Nimmerwiedersehen zurück in sein Heimatland geht. Dort ist er mit seiner Immobilie ein gemachter Mann, heiratet eine einheimische Jungfrau, und die verlassene Exfrau hat so gut wie keine Möglichkeiten, ihre finanziellen Ansprüche von Deutschland aus geltend zu machen. Das Schlimme daran ist, dass oft die komplette Schwiegerfamilie dieses abgekartete Spiel mitspielt und der ungeliebten deutschen Schwiegertochter zunächst Sympathie und Familienzusammenhalt vorgaukelt. In Wirklichkeit sieht sie in solch einer Ehe nur einen wirtschaftlichen Vorteil, da der Sohn sofort damit beginnt, seine Familie großzügig finanziell zu unterstützen, sobald er in Deutschland Fuß gefasst hat.

Im schlimmsten Fall nimmt er nach einer Trennung noch das gemeinsame Kind mit, insofern eines vorhanden ist, und die Frau hat so gut wie keine Möglichkeit, ihr Kind auf legalem Wege wiederzubekommen, da in den orientalischen Ländern das Aufenthaltsbestimmungsrecht ausschließlich beim Vater liegt.

All diese Dinge hatte ich Anna lang und breit erklärt, bin aber bei ihr – wie so oft – auf taube Ohren gestoßen. Wie viele Frauen in dieser Situation litt Anna unter dem sogenannten AMIGA-Syndrom (Aber meiner ist ganz anders). So kam es, wie es kommen musste: Sie heiratete Nabil, er kam nach Deutschland, zunächst war alles schön und gut – bis zu dem Tag, an dem Anna schwanger wurde.

Sobald ihr gemeinsamer Sohn Karim auf der Welt war, begann Nabils wundersame Veränderung. Hatte er sich vorher wenigstens noch an der Hausarbeit beteiligt und Anna mit Respekt behandelt, so war es damit nun von einem auf den anderen Tag vorbei. Bei der kleinsten Kleinigkeit schrie er Anna an. Plötzlich verbot er ihr den Kontakt zu ihren Freundinnen, und es konnte sogar passieren, dass er das Telefon wegschloss, wenn er die Wohnung verließ. Anna verstand die Welt nicht mehr. Sie hatte Nabil als einen sehr sanftmütigen, besorgten und liebevollen Mann kennengelernt, aber von diesen Eigenschaften war nichts mehr übrig geblieben. Am Anfang gab Anna sich noch alle Mühe, ihrem Mann alles recht zu machen. Sie entschuldigte sein Verhalten mit seiner andersartigen Mentalität, mit Heimweh, mit der Tatsache, dass er in Deutschland keinen (in seinen Augen) gut bezahlten Job fand, und vielen weiteren fadenscheinigen Begründungen.

Trotz ihrer Bemühungen wird sein Verhalten jedoch immer schlimmer, und als sie gemeinsam nach Tunesien fliegen, um seiner Familie ihr Baby zu zeigen, eskaliert die Situation vollends.

Obwohl Nabil ihr immer versichert hatte, dass er zwar Moslem, aber keineswegs religiös sei, verlangt er plötzlich von ihr, dass sie sich den Traditionen seiner Familie unterwirft und für die Dauer des Aufenthalts in Tunesien ein Kopftuch tragen soll. Auch verbietet Nabil ihr, ohne männliche Begleitung das Haus seiner Eltern zu verlassen. Als Anna sich dagegen wehrt, schlägt Nabil sie zum ersten Mal brutal zusammen. Anna flüchtet auf die Toilette und wähnt sich dort in Sicherheit. Nabil tritt allerdings die Tür ein und steht plötzlich mit einem Messer in der Hand vor ihr. Es kommt zu einem Kampf, bei dem er Anna eine schwere Schnittwunde am Finger zufügt. Obwohl Nabils Familie anwesend ist, kommt ihr niemand zu Hilfe. Nabil verlässt schließlich wutentbrannt das Haus und lässt die schwer blutende Anna mit dem Baby zurück. Nachdem seine Mutter die Blutung nicht stoppen kann, bringt sie Anna schließlich doch in ein Krankenhaus, wo ihr Finger mit mehreren Stichen genäht wird. Um die Situation nicht noch mehr eskalieren zu lassen, unterwirft sich Anna zunächst allen Vorschriften und hat nur noch das Ziel im Auge, wieder gesund mit Karim nach Deutschland zu gelangen. Dies soll sich aber noch eine ganze Weile verzögern, da Nabil den Urlaub eigenmächtig noch zweimal verlängert. Nachdem Anna fast schon die Hoffnung verloren hat, wieder nach Deutschland zu gelangen, bucht Nabil schließlich doch den Rückflug, und Anna kann ihr Glück kaum fassen, als sie endlich in der Maschine sitzt, die sie zurück zu ihrer Familie bringt.

Kaum zu Hause angekommen, kontaktierte sie mich und bat mich um meine Hilfe. Sie möchte sich so schnell wie möglich von ihrem Mann trennen. Obwohl ich ihr immer wieder einschärfe, Nabil nichts von ihren Trennungsabsichten zu sagen, bis ich ihre Flucht organisiert habe, tut sie es trotzdem, als Nabil sie erneut zusammenschlägt, was für sie und Karim katastrophale Folgen haben sollte: Als Anna ein paar Tage später vom Einkaufen nach Hause kommt, ist Nabil mit Karim nach Tunesien verschwunden.

Da ich zwischenzeitlich eine Übergangswohnung für Anna und ihr Kind gefunden hatte, findet der Umzug zunächst trotzdem wie geplant statt. Natürlich erstatten wir zeitgleich bei den zuständigen Behörden eine Anzeige wegen Kindesentführung gegen Nabil und schalten auch eine Anwältin ein. Aber wie mich meine Erfahrungen auf diesem Gebiet schon oft genug gelehrt haben, macht man uns nicht viel Hoffnung, dass wir Karim auf legalem Wege aus Tunesien bekommen würden. Anna bekommt zwar in einem Schnellverfahren das alleinige Aufenthaltsbestimmungsrecht für Karim zugesprochen, aber dies hat bei den tunesischen Behörden keinerlei Gültigkeit. Dort bekommt immer automatisch der Vater das Recht auf sein Kind, und ohne eine schriftliche Bestätigung seinerseits darf kein Kind mit tunesischem Hintergrund das Land verlassen.

Da Nabil sich fast täglich bei Anna meldet und sie darum bittet, zu ihm zurückzukommen, sehe ich hier unsere Chance, das Kind zurückzuholen. Ich bespreche mit Anna, dass sie zum Schein auf seine Bitte eingehen und Nabil zusagen soll, es noch einmal mit ihm versuchen zu wollen. Sie soll sich sehr reumütig verhalten und alle Schuld auf sich nehmen und Nabil damit in Sicherheit wiegen. Nach einigen Telefongesprächen scheint dieser Plan auch aufzugehen, denn Nabil verspricht, mit ihrem gemeinsamen Sohn zurückzukommen. Was er allerdings nicht weiß, ist die Tatsache, dass zu dieser Zeit schon ein Haftbefehl wegen Kindesentführung gegen ihn ausgestellt wurde. Nachdem wir seine genaue Ankunftszeit am Flughafen kennen, informiere ich Annas Anwalt und die zuständige Polizei. Noch am Flughafen wird er verhaftet, und Anna kann überglücklich ihren Sohn wieder in die Arme schließen.

Die Zeit vergeht, und eines Tages wird Nabil aus der Haft entlassen. Da er Anna nach seiner Freilassung immer wieder bedroht, muss Anna noch einmal einen Umzug in eine andere Stadt in Kauf nehmen, aber dieser Umzug hat sich für sie in jeder Hinsicht gelohnt. Sie kann dort relativ frei und ohne Angst leben, hat einen tollen Halbtagsjob gefunden, der ihr viel Spaß macht, und sich darüber hinaus einen überschaubaren und netten Freundeskreis aufgebaut. Karim hat sich zu einem tollen Jungen entwickelt, der durch das Erlebte keine Schäden zurückbehalten hat. Das Einzige, was sie heute noch an diese schlimme Zeit erinnert, ist die lange Narbe an ihrem Zeigefinger, die Nabil ihr einst in Tunesien zugefügt hat. Diese Narbe wird sie immer begleiten und auch zur Vorsicht ermahnen.

Letzte Woche hat mich nach längerer Zeit wieder einer der selten gewordenen Anrufe von Anna erreicht: Sie hat mich zu ihrer Hochzeit eingeladen und gefragt, ob ich ihre Trauzeugin sein möchte …

Fatima und Amor

Fatima wurde ursprünglich als Charlotte geboren.

Sie ist das einzige Kind eines Lehrerehepaars und wuchs sehr behütet auf. Vielleicht etwas zu behütet, denn Charlotte musste nie für etwas Verantwortung übernehmen. Ihren Eltern war es nur wichtig, dass ihre schulischen Leistungen über dem Durchschnitt lagen. Alles andere zählte nicht.

Fatima suchte den Kontakt zu mir, nachdem sie auf mein Buch *Gefangen in Deutschland* aufmerksam wurde, denn auch in ihrem Leben hatte es einen Zeitpunkt gegeben, an dem sie sich gefangen fühlte.

In vielen Gesprächen die ich mit ihr führte, erfuhr ich nach und nach ihre Geschichte:

Als Charlotte ihr Abitur mit einer Note von 1,3 abgeschlossen hatte, bekam sie von ihren Eltern eine Ferienreise nach Tunesien geschenkt.

Sie war gerade 19 Jahre alt und bisher noch nie alleine in Urlaub gefahren. Obwohl sie eigentlich nicht allzu große Lust dazu hatte, wollte sie ihre Eltern nicht enttäuschen und trat die Urlaubsreise an.

Bereits am dritten Tag kam sie im Hotel mit dem Kellner Amor ins Gespräch, der ihr immer das Abendessen servierte.

Er schien ein paar Jahre älter als Charlotte zu sein und verbrachte auffällig viel Zeit an ihrem Tisch. Dabei drückte er ihr einen Zettel in die Hand, auf dem er sie in gebrochenem Deutsch fragte, ob sie Lust hätte, mit ihm nach Arbeitsschluss einen Strandspaziergang zu unternehmen.

Da Charlotte sich fernab von Freunden und Familie sowieso sehr einsam fühlte, stimmte sie schließlich zögerlich zu.

Es wurde ein wunderschöner Abend und Charlottes Befürchtungen, dass er ihr zu nahe treten könnte, erwiesen sich als völlig grundlos. Amor benahm sich absolut anständig und machte keinerlei Annäherungsversuche.

Nach einer Weile begann Charlotte sich zu entspannen und genoss seine Anwesenheit.

Auch am nächsten und am übernächsten Tag trafen sich die beiden abends am Strand und an Charlottes vorletztem Urlaubstag nahm Amor sich frei, um Charlotte sein Land zu zeigen und ihr seine Familie vorzustellen.

Es kam wie es kommen musste und am Ende des Urlaubs waren die beiden ein Liebespaar.

»Eigentlich ging die Initiative aber von Anfang an mehr von mir aus«, gestand Charlotte mir in einem unserer Gespräche. »Amor war sehr zurückhaltend und auch meiner Bitte, mir nach Deutschland zu folgen, folgte er nur sehr zögerlich. Ich glaube er wäre lieber in seinem Land geblieben«.

Trotzdem arrangierte Charlotte alles für Amors Einreise. Als sie ihren Eltern nach ihrer Rückkehr aus Tunesien gestand, dass sie sich dort in einen Einheimischen verliebt hatte, reagierten diese alles andere als begeistert.

Zum ersten Mal in ihrem Leben setzte sich Charlotte aber durch. Sie bewohnte zwar eine eigene Wohnung in dem Haus ihrer Eltern, aber sie machte ihnen unmissverständlich klar, dass sie jederzeit bereit war ausziehen, für den Fall, dass ihre Eltern ihr in Bezug auf Amor Schwierigkeiten machen würden.

Diesen blieb also nichts anderes übrig, als ihre Tochter ihren Weg gehen zu lassen, wenn sie sie nicht verlieren wollten.

Nachdem Amor in Deutschland eingereist war, wurde sofort die Hochzeit geplant. Ohne dass Amor hier rechtskräftig verheiratet war, bekam er keine Aufenthaltserlaubnis für Deutschland. Charlotte hätte mit einer Hochzeit zwar lieber noch etwas gewartet, aber dann hätte Amor nach Ablauf seines Besuchervisums wieder nach Tunesien reisen müssen und das wollte sie auch nicht.

Ihre Freunde freuten sich zwar für Charlotte, dass diese ihr Leben nun selbst in die Hand genommen hatte, aber fast jeder warnte sie auch vor der Endgültigkeit dieser Entscheidung. Einen Mann zu heiraten, den man lediglich aus ein paar Urlaubstagen und von ein paar Telefonaten her kannte, erschien den meisten zu riskant.

»Ich weiß gar nicht mehr genau, was damals in mir vorging«, versuchte sich Charlotte mir zu erklären. »Wahrscheinlich lag es einfach daran, dass ich niemals eigene Wünsche geäußert hatte, sondern immer das getan hatte, was meine Eltern von mir verlangten und ich mich nun einmal wirklich durchsetzen wollte«.

Die ersten Monate nach der Hochzeit lief auch alles gut. Charlotte hatte zwar beschlossen, nicht zu studieren, da Amor gerne Kinder haben wollte, aber dafür machte sie eine Ausbildung zur Bürokauffrau, Amor besuchte regelmäßig einen Deutschkurs, um seine Chancen auf dem hiesigen Arbeitsmarkt zu verbessern, und Charlottes Eltern hatten sich offensichtlich mit der Situation abgefunden.

Amor war nett, freundlich und hilfsbereit und so gab es nichts, was sie an ihm hätten aussetzen können.

Da er noch keine Arbeit gefunden hatte, kümmerte er sich um den Haushalt, während Charlotte die Lebenshaltungskosten aus ihrem knappen Ausbildungsgehalt bestritt. Da sie ja im Haus von Charlottes Eltern wohnten, fiel wenigstens keine Miete an.

»Amor gab mir nie das Gefühl, dass ich seine absolute Traumfrau wäre, aber wir waren ein gutes Team und ich war glücklich. Auch seine Familie, die wir ein paar Monate nach unserer Hochzeit in Tunesien besuchten, nahm mich mit offenen Armen auf und ich hatte das Gefühl, dort wirklich willkommen zu sein«.

Laut Charlottes Schilderungen, fingen die Probleme an, als sie mit dem ersten Baby schwanger wurde.

»Plötzlich stand das Thema Religion im Raum«, berichtete Charlotte. »Natürlich wusste ich, dass Amor Moslem war aber er hatte seine Religion bis zu diesem Zeitpunkt nie ausgelebt. Das Einzige, woran ich das erkennen konnte, war die Tatsache, dass er kein Schweinefleisch aß«.

Charlotte war katholisch getauft, aber da ihre Eltern nie besonders religiös gelebt hatten, maß sie dem keine allzu große Bedeutung bei.

Nun verlangte Amor aber plötzlich, dass Charlotte zum Islam konvertieren sollte, da er ansonsten Schwierigkeiten mit seiner Familie bekommen würde.

Ohne sich wirklich über die Konsequenzen im Klaren zu sein, beugte sich Charlotte diesem Wunsch und da man bei einem Übertritt zum Islam auch einen islamischen Namen annahm, wurde aus Charlotte Fatima.

Nachdem ihre Eltern von diesem Religionswechsel erfuhren, kam es zum ersten großen Streit, der damit endete, dass Amor und Fatima auszogen.

Amor hatte mittlerweile eine Arbeitsstelle gefunden und sie kauften ein kleines Häuschen.

Zwei Jahre nachdem ihre Tochter geboren wurde, brachte Fatima noch einen Sohn zur Welt.

Amor hatte sich in der Zwischenzeit sehr verändert. Er kontrollierte seine Frau auf Schritt und Tritt, verlangte, dass sie wie eine Tunesierin lebte und verbot ihr den Kontakt zu Andersgläubigen. Fatimas Eltern wurden zusehends verzweifelter. Dies war nicht das Leben, das sie sich für ihre Tochter vorgestellt hatten.

Fatima liebte Amor aber nach wie vor mit einer fast abgöttischen Hingabe und verbat sich von ihren Eltern jegliche Einmischung. Sie schien in ihrer neuen Religion voll und ganz aufzugehen und bald hielt sie sich genauer an die vorgegebenen islamischen Rituale als Amor.

»Es war, als ob er mich einer Gehirnwäsche unterzogen hätte«, schilderte sie mir ihren damaligen Zustand. »Ich redete mir die ganze Zeit selbst ein, dass ich glücklich wäre, so wie es ist und selbst als er zum ersten Mal die Hand gegen mich erhob und mir eine Ohrfeige verpasste, weil ich ihm in Gegenwart unseres Besuchs widersprochen hatte, war ich noch der Meinung, dass er im Recht wäre, da sich das für eine anständige tunesische Ehefrau eben nicht gehörte und ich da einen Fehler gemacht hatte«.

So sehr sich Fatima aber auch anstrengte, Amor alles recht zu machen, es gelang ihr nicht und es kam der Tag, an dem Amor einfach ein paar Sachen packte und ohne Fatimas Wissen nach Tunesien flog.

»Ich war total geschockt, dass er mich einfach mit den Kindern zurückgelassen hatte und war so erleichtert, als ich ein paar Tage später einen Anruf aus Tunesien von meiner Schwägerin bekam, die mir mitteilte, dass Amor sich bei seinen Eltern aufhielt. Immer und immer wieder habe ich versucht, ihn dort zu erreichen, aber obwohl ich genau wusste, dass er da ist, hat seine Mutter immer seine Anwesenheit geleugnet und ich wusste, dass ihre Sympathie zu mir offensichtlich immer nur gespielt war. Denn selbst als unsere Tochter mit einem Blinddarmdurchbruch ins Krankenhaus kam und fast daran gestorben wäre, hat sie mir Amor nicht ans Telefon gegeben und ihm auch nicht ausgerichtet, dass er sich bei mir melden soll.

Da ich nicht wusste wie es weitergehen sollte und ich mittlerweile auch dadurch, dass Amor ja durch seine Flucht nach Tunesien seinen Job verloren hatte, finanzielle Probleme hatte, habe ich einfach für mich und die Kinder einen Flug nach Tunesien gebucht, als unsere Tochter wieder gesund war. Nie werde ich Amors Blick vergessen, als ich plötzlich bei seiner Mutter in der Küche stand. Diese hatte mich und die Kinder mit der gewohnten, geheuchelten Fürsorge empfangen und ich hätte platzen können vor Wut und Zorn.

Als ich mit Amor alleine war, habe ich ihn sofort bestürmt, wieder mit uns nach Deutschland zurückzukehren. Er wollte aber davon zunächst nichts hören und eröffnete mir stattdessen, dass er beschlossen hätte, mit mir und den Kindern in Tunesien zu leben. Er wolle nicht, dass seine Kinder in einem Land aufwachsen, das vor Ungläubigen nur so wimmeln würde.

Ich habe daraufhin einen Heulkrampf bekommen, der mir aber nur einige Ohrfeigen von Amor einbrachte.

Da ich wusste, dass ich ohne Amors Einverständnis nicht mehr mit meinen Kindern das Land verlassen konnte (in Tunesien liegt das alleinige Sorgerecht immer beim Vater der Kinder), habe ich dann so getan, als ob ich damit einverstanden wäre. Ich hatte die Hoffnung, dass er sich nach einer Weile nach seinem bequemen Leben in Deutschland zurücksehnen würde.«

Vier Monate musste sich Fatima in Geduld üben, bis dieser Fall dann tatsächlich eintrat und die Familie die Heimreise antrat. Ihre Eltern waren überglücklich, als sie am Flughafen wieder ihre Tochter und die Enkelkinder in den Arm schließen konnten. Zwischen Amor und ihnen aber bedeutete sein Verhalten der endgültige Bruch.

»Von da an ließen meine Eltern keine Gelegenheit aus, mir zu sagen, dass ich mich unbedingt von Amor trennen müsse. Als sie dann auch noch durch einen Zufall mitbekamen, dass mein Mann mich mittlerweile regelmäßig schlug, eskalierte die Situation fast.

Ich war mit meinen Kindern bei meinen Eltern zum Kaffee trinken eingeladen. Am Tag zuvor hatte mir Amor mit der Faust ins Gesicht geschlagen und meine linke Gesichtshälfte war blau und geschwollen. Ich habe meinen Eltern erzählt, dass ich gegen einen Schrank gelaufen sei. Als ich aber auf der Toilette war, hat ihnen meine Tochter erzählt, was wirklich passiert ist. Die Kinder bekamen ja die Gewalt mit, die bei uns an der Tagesordnung war und zum Teil waren sie ja auch selbst davon betroffen, denn wenn sie etwas taten, was Amor nicht recht war oder nicht den Regeln des Islam entsprach, bekamen sie von ihrem Vater ebenfalls Schläge.«

Natürlich habe ich Fatima gefragt, warum sie ihre Kinder nicht vor dieser Gewalt geschützt hat.

»Wie hätte ich sie denn schützen sollen? Ich konnte mich ja nicht mal selbst schützen und habe einfach den Blick für die Realität verloren. Vor allem habe ich ja gesehen, dass diese Gewalt in Amors Familie normal war. Wenn meine Schwägerinnen oder deren Kinder sich einen Fehler erlaubten, dann setzte es dafür Schläge. So einfach war das!«

Auf meine Frage, wie sie sich denn schließlich aus dieser Gewaltspirale befreien konnte, ernte ich zunächst ein langes Schweigen.

»In erster Linie habe ich es meinen Eltern zu verdanken. Sie waren es, die sich das alles irgendwann nicht mehr mit ansehen konnten und schließlich das Jugendamt einschalteten. Zuerst war ich total geschockt, als die Sozialarbeiterinnen plötzlich bei mir vor der Tür standen und sich davon überzeugen wollten, dass es meinen Kindern gut ging. Mein Glück war, dass Amor zu diesem Zeitpunkt nicht zu Hause war und ich in Ruhe mit diesen Leuten reden konnte. Wäre er da gewesen, hätte ich mich ja niemals getraut, ihnen die Wahrheit zu sagen aber so brach plötzlich alles aus mir heraus. Zum ersten Mal habe ich auch gesehen, wie sehr meine Kinder unter der Situation leiden.

Vom äußeren her stimmte bei uns alles: Die Wohnung war immer tip top aufgeräumt, meine Kinder waren sauber und anständig gekleidet und wir lebten in geordneten Verhältnissen. Aber die ständig bei uns präsente Gewalt, hatte nicht nur in meiner Seele Spuren hinterlassen, sondern auch bei meinen Kindern. Nachdem ich den zwei Jugendamtsmitarbeiterinnen alles erzählt hatte, boten sie mir sofort Hilfe an und ich habe diese ohne noch großartig darüber nachzudenken angenommen.

Sie haben mir sofort einen Platz in einem Frauenhaus besorgt, weil Amor mich ja bei meinen Eltern schnell gefunden hätte. Außerdem wollte ich auch nicht zu ihnen, denn sie hatten ja früher auch immer einfach über mein Leben bestimmt und ich wollte gerne zum ersten Mal frei sein und meine eigenen Entscheidungen treffen. Sie waren zwar nicht glücklich darüber, zumal ja meine ehemalige Wohnung in meinem Elternhaus noch frei stand, aber ich habe mich durchgesetzt. Es war als ob ich plötzlich über eine

Stärke verfügt hätte, wie ich es sonst noch nie bei mir selbst erlebt hatte.

Natürlich war der Weg in ein selbstbestimmtes und angstfreies Leben noch lange und beschwerlich, zumal Amor zweimal versucht hat, unsere Kinder nach Tunesien zu entführen, aber ich habe es geschafft und mich auch von Rückschlägen nicht entmutigen lassen.

Wenn ich heute so zurückdenke, kann ich gar nicht mehr verstehen, warum ich mir so viel gefallen ließ und warum ich nicht schon viel früher damit begonnen habe, meine Kinder vor ihrem Vater zu schützen. Ich kann es nur mit einer übermächtigen Angst erklären, die ich vor Amor hatte. Für mein damaliges Empfinden war er einfach eine Übermacht. Erst sehr viel später habe ich ihn als das gesehen, was er wirklich war: ein schwacher, egoistischer, rückgratloser und jähzorniger Mann, der sich an meiner Angst hochgezogen und stark gemacht hat.«

Auf meine Frage, wie sie denn heute lebe, umspielt ein fröhliches Lächeln Charlottes Lippen. »Glücklich! Heute lebe ich einfach glücklich. Ich habe im letzten Jahr wieder geheiratet und habe nun den besten Ehemann von allen. Oft sitze ich einfach nur da und frage mich, womit ich so viel Glück verdient habe. Er akzeptiert mich so wie ich bin, ist absolut zuverlässig und meinen Kindern ein guter Vater«.

Zum Abschied schaut Charlotte mir lange in die Augen: »Ich danke dir dafür, dass du dich so für das Thema Gewalt einsetzt. Solche Frauen wie dich braucht das Land«.

Verlegen nehme ich sie in den Arm und mir fällt dazu nur spontan ein, dass Frauen, die es schaffen, sich aus einer Gewaltbeziehung zu lösen und dadurch für sich und ihre Kinder wieder einen unbeschwerten Lebensraum schaffen können, die wahren Heldinnen des Alltags sind.

Tatjana und Kai

Ich habe lange überlegt, ob ich diesen Erfahrungsbericht in dem vorliegenden Buch veröffentlicht sehen möchte oder nicht.

Seitdem ich mein eigenes Schicksal öffentlich gemacht habe und mich mit all meiner Kraft gegen häusliche Gewalt einsetze, erreichen mich jede Woche unzählige Emails von betroffenen Frauen. Sie erzählen mir ihr Schicksal, holen sich bei mir Rat, Hilfe und Motivation und ich helfe, wo ich kann.

Unter diesen Schicksalen gibt es schlimme und weniger schlimme aber das nachfolgende hat mich nie mehr losgelassen und ich möchte es gerne als Warnung einbringen, wie eine Gewaltbeziehung auch enden kann, wenn man sich nicht frühzeitig Hilfe holt.

Als Tatjana Kai kennenlernte, hatte sie gerade kurz vorher ihren 23. Geburtstag gefeiert.

Ihr gefiel von Anfang an seine offene und witzige Art und sie genoss die Zeit sehr, die sie mit ihm verbrachte.

Mit Kai war es einfach nie langweilig und er brachte sie immer wieder zum Lachen.

Da Tatjana von Natur aus ein eher zurückhaltender und eher stiller Mensch war, ließ sie sich gerne von seiner lockeren Art anstecken.

Das einzige was Tatjana wirklich störte, waren Kais Stimmungsschwankungen, die von Zeit zu Zeit auftraten. Eben war noch alles in Ordnung und nur ein paar Sekunden später, konnte er sich über eine banale Kleinigkeit wahnsinnig aufregen. Er wurde dann schnell jähzornig und es konnte auch schon mal passieren, dass dann eine Tasse oder die Fernbedienung des Fernsehers von ihm gegen die Wand geschleudert wurde. Tatjana war dann in diesem Moment ganz starr vor Schreck, aber meistens beruhigte sich Kai sofort wieder und entschuldigte sich auch für sein Verhalten.

Obwohl Tatjana sah, dass die Abstände dieser Anfälle mit der Zeit immer kürzer wurden, zog sie trotzdem ein Jahr nach ihrem Kennenlernen mit ihm zusammen. Seine Wut und Aggression richtete sich ja niemals gegen sie, sondern immer nur gegen bestimmte Ereignisse. Tatjana gegenüber über war er stets liebevoll und fürsorglich und trug sie sprichwörtlich auf Händen.

Deshalb machte sie sich auch keine ernsthaften Gedanken, als eines Tages ihr Telefon klingelte und eine Bianca am anderen Ende der Leitung war, die sich Tatjana als Kais Ex-Freundin vorstellte. Als Grund für Ihren Anruf gab Bianca an, dass sie Tatjana warnen wollte. Sie sei auch 3 Jahre lang mit ihm zusammen gewesen und hätte diese Liebe fast mit ihrem Leben bezahlt, da er sie immer wieder verprügelt hätte und einmal so schwer verletzt habe, dass sie einen doppelten Schädelbasisbruch davongetragen habe.

Tatjana schoss diese gutgemeinte Warnung aber in den Wind und Kai hatte natürlich sofort eine Erklärung parat, als Tatjana ihn mit diesem Anruf konfrontierte.

Er erklärte ihr, dass er damals mit Bianca Schluss gemacht hätte, weil sie ihn mit einem Arbeitskollegen betrogen hatte. Dies hätte sie dann aber bereut und lange versucht, Kai wieder zurückzugewinnen. Er hätte ihr aber keine zweite Chance mehr gegeben und nachdem sie nun über gemeinsame Bekannte erfahren hätte, dass er mit Tatjana zusammengezogen sei, wäre sie neidisch und würde versuchen, Zwietracht zwischen ihnen zu sähen.

Tatjana zweifelte an dieser Darstellung keine Sekunde und so verging nicht allzu viel Zeit und sie hatte den unliebsamen Anruf komplett vergessen.

Der Tag, an dem Tatjana aber an den Anruf zurückdenken musste, sollte schneller kommen, als ihr lieb war.

Kai und sie hatten in den letzten Wochen öfter gestritten. Von Kais lustiger Art war nicht mehr allzu viel übrig geblieben und immer öfter brach er wegen simpler Kleinigkeiten einen Streit vom Zaun. Dazu kam, dass Kai plötzlich schrecklich eifersüchtig wurde. Mal kleidete sich Tatjana in seinen Augen zu freizügig, mal schminkte sie sich zu stark und ein anderes Mal schaute sie angeblich anderen Männern hinterher. Tatjana verstand die Welt nicht mehr. Was war nur aus ihrem lebenslustigen, lockeren Freund geworden?

Wenn das so weiterging, würde sie sich von Kai trennen. Soviel war sicher!

Als er das nächste Mal völlig ausflippte, weil Tatjana einen Anruf von einem Bekannten bekam, teilte sie Kai ihren Entschluss mit, aus der gemeinsamen Wohnung wieder auszuziehen. Einen Moment lang herrschte Totenstille, bevor er schließlich wutentbrannt auf Tatjana zustürmte und ihren Hals mit beiden Händen umklammerte. Zeitgleich rammte er ihr sein Knie in den Magen. Tatjana blieb vor Schmerz die Luft weg und schützend krümmte sie sich zusammen. Voller Hass zischte Kai ihr zu, dass sie ihm niemals mehr mit einer Trennung drohen solle. Würde sie ihn wirklich verlassen, würde er erst sie und dann sich selbst töten. Tatjana blickte in Kais Gesicht, was in diesem Moment nur noch einer Fratze glich. Die Augen hatte er verdreht, so dass fast nur noch das Weiße zu sehen war. Tatjana kam zum ersten Mal der Gedanke, dass Kai vielleicht eine ernsthafte psychische Erkrankung haben könnte. Sie hatte in diesem Moment eine Angst, wie noch nie zuvor in ihrem Leben. Kai schien diese Angst zu genießen. Er fühlte sich Tatjana haushoch überlegen.

Seit diesem Zeitpunkt waren Gewaltattacken fast schon an der Tagesordnung. Unter Androhung der schlimmsten Horrorszenarien, schaffte es Kai, dass Tatjana aus lauter Angst, ihr Ziel auszuziehen und ohne ihn ein neues Leben zu beginnen, nicht weiter verfolgte.

Natürlich blieb ihren Freunden und der Familie nicht verborgen, dass es Tatjana offensichtlich schlecht ging, aber sooft sie auch darauf angesprochen wurde, stritt sie es vehement ab. Kai hatte ihr gedroht, dass, falls sie irgendjemanden von seiner Gewalttätigkeit erzählen würde, er ihr schlimmste Qualen zufügen würde.

Nach einiger Zeit kam dann zu den Schlägen und verbalen Demütigungen auch noch sexuelle Gewalt hinzu.

Verständlicherweise verspürte Tatjana keinerlei Lust mehr darauf, mit Kai zu schlafen und so nahm er sich einfach mit Gewalt, was sie ihm nicht freiwillig geben wollte.

Da sie wusste, dass Kai auf keinen Fall Vater werden wollte, setzte sie schließlich die Pille ab und erklärte ihm, dass sie die tägliche Hormondosis nicht mehr vertragen würde. In Wirklichkeit hoffte sie, so den sexuellen Übergriffen zu entgehen. Kai schien das aber nicht zu stören und so kam es wie es kommen musste und Tatjana wurde zu allem Überfluss noch schwanger. Obwohl Kai dies ja bewusst in Kauf genommen hatte, war er völlig außer sich vor Zorn, als er davon erfuhr. Da Tatjana erst relativ spät ihren Frauenarzt aufgesucht hatte, war es auch zu spät für einen Schwangerschaftsabbruch.

Tatjana war im siebten Schwangerschaftsmonat, als Kai wieder mal wie von Sinnen auf sie einprügelte. Er schlug und trat sie mehrmals in den Bauch und plötzlich setzten heftige Blutungen ein. Da diese nicht mehr zu stoppen waren, blieb Kai diesmal nichts anderes übrig, als einen Krankenwagen anzurufen. Bis zum Eintreffen des Notarztes schärfte er Tatjana noch mehrmals ein, zu behaupten, dass sie eine Treppe hinuntergestürzt wäre.

Der eintreffende Notarzt ordnete sofort die stationäre Unterbringung von Tatjana an.

Ein Ultraschall im Krankenhaus zeigte die traurige Wahrheit: Kai hatte sein eigenes Kind im Mutterleib getötet.

Obwohl Kerstin den Ärzten die Geschichte des Treppensturzes auftischte, konnte sie die erfahrenen Mediziner nicht hinters Licht führen. Die Art der Verletzungen sprachen eine eindeutige Sprache.

Nachdem die Ärzte eine Weile nachgehakt hatten, brach Tatjana endlich ihr Schweigen und offenbarte den Medizinern das ganze Ausmaß ihres Leids. Diese reagierten schnell und informierten die Polizei und Tatjana erstattete noch aus dem Krankenhaus heraus Anzeige gegen Kai. Dieser wurde verhaftet und in Untersuchungshaft gebracht. Tatjanas Familie und Freunde reagierten bestürzt, als sie die Wahrheit erfahren hatten. Sie hatten zwar immer vermutet, dass in Tatjanas Beziehung Einiges nicht stimmte, aber das ganze Ausmaß der Katastrophe schockierte sie doch sehr.

Tatjana bekam noch im Krankenhaus schwere Depressionen, weil sie sich die Schuld am Tod ihres Babys gab und die Ärzte überwiesen sie in eine stationäre Therapie. Sechs lange Monate brauchten die Therapeuten, bis sie Tatjana einigermaßen stabilisiert hatten und sie wieder nach Hause durfte. Trotzdem litt sie unter einer furchtbaren Angst vor Kai. Dieser war mittlerweile zu einer vierjährigen Haftstrafe verurteilt worden und Tatjana hatte furchtbare Angst vor dem Tag, an dem er entlassen werden sollte. Sie befürchtete, dass er sich an ihr rächen würde, da sie ihn ja ins Gefängnis gebracht hatte.

Obwohl ihre Familie und Freunde sich wirklich liebevoll um sie kümmerten, konnten sie nicht wirklich helfen. Tatjana hatte sich durch die jahrelange andauernde Gewalt und den Tod ihres Babys zu einer gebrochenen Persönlichkeit gewandelt, obwohl sie mit ihren 26 Jahren noch am Anfang ihres Lebens stand.

Eine Woche vor Kais Haftentlassungstermin steigerten sich Tatjanas Ängste ins Unermessliche und ihre Eltern wussten sich keinen anderen Rat mehr, als sie erneut stationär in der Psychiatrie unterzubringen.

Tatjana stimmte diesem Aufenthalt zu und allen erschien es als die beste Lösung, denn dann wäre auch gesichert, dass Kai sie nicht bedrohen konnte.

Leider sollte es soweit nicht mehr kommen, denn einen Tag vor ihrer stationären Unterbringung fanden Tatjanas Eltern sie tot in ihrem Bett vor. Sie hatte Unmengen von Schlaf- und Beruhigungstabletten zu sich genommen und um ganz sicher zu gehen, dass sie auch wirklich sterben würde, sich noch zusätzlich die Pulsader aufgeschnitten.

Tatjana ist nicht nur selbst das Opfer von häuslicher Gewalt geworden, darüber hinaus wurde sie auch das Opfer ihrer eigenen Angst.

Seit ich von Tatjanas Geschichte erfahren habe, erinnert sie mich täglich daran, wie wichtig es ist, häusliche Gewalt in der Öffentlichkeit zu thematisieren, denn Gewalt ist keine Privatsache, sondern geht jeden etwas an.

Lassen sie uns gemeinsam den vielen Opfern (deutschlandweit sind ca. 13 Millionen Frauen davon betroffen) ein Gesicht und eine Lobby geben!

Yasemin

Dieser Erfahrungsbericht ist die Geschichte einer türkischen Frau, der die Besonderheiten aufzeigt, die in manchen orientalischen Partnerschaften vorherrschen.

Hat man es in deutsch – deutschen Beziehungen in der Regel »nur« mit einem schlagenden Partner zu tun, ist es in den orientalischen Kulturkreisen meist eine ganze Gewaltspirale, die sich dreht. Dass Frauen mit Migrationshintergrund weitaus öfter das Opfer häuslicher Gewalt werden, hat auch die aktuelle Studie im Auftrag des Bundesministeriums für Familie, Senioren, Frauen und Jugend, Lebenssituation, Sicherheit und Gesundheit von Frauen in Deutschland gezeigt.

Ist es bei den deutschen Frauen jede vierte, die von Gewalt betroffen ist, steigt die Zahl bei Frauen mit Migrationshintergrund nochmals in die Höhe: Hier ist es nämlich sogar jede dritte Frau, die mit der schlagenden Hand Bekanntschaft schließen durfte. Hier ist es aber oft nicht nur der Ehemann, dem gelegentlich die Hand ausrutscht, sondern auch der Vater oder ältere Brüder.

Ohne, dass ich diskriminierend sein möchte, muss ich aber auch offen sagen, dass es Kulturkreise gibt, in denen das Schlagen von Frauen nicht als besonders dramatisch angesehen wird.

Dies hat mir meine jahrelange Erfahrung mit dieser Thematik immer wieder gezeigt und wurde durch die oben genannte Studie und die Tatsache dass die Anzahl der Frauen mit Migrationshintergrund die Zuflucht in Frauenhäusern suchen, in den letzten Jahren von ca 50% auf ca 65% gestiegen ist, bestätigt.

Da ich gerne möchte, dass sich alle betroffenen Frauen hier in diesem Buch wiederfinden können, möchte ich Ihnen Yasemins Geschichte nicht vorenthalten:

Yasemin wurde in der Türkei geboren. Als sie drei Jahre alt war, brachten ihre Eltern sie zu ihrer Großmutter und wanderten nach Deutschland aus.

Yasemin machte das nichts aus, denn sie liebte ihre Großmutter und fühlte sich sehr wohl bei ihr. Stundenlang saß sie eng an sie gekuschelt im Wohnzimmer auf dem Fussboden und lauschte den Geschichten, die ihre Oma ihr erzählte.

Ihre Eltern kamen regelmäßig um in der Türkei Urlaub zu machen und brachten Yasemin dann immer Unmengen an westlicher Kleidung und Süßigkeiten aus Deutschland mit.

Yasemin freute sich über die deutschen Bonbons und Schokolade, aber ihre Eltern wurden ihr mit der Zeit fremd und irgendwie freute sie sich immer, wenn sie wieder abgereist waren und sie mit ihrer Großmutter wieder alleine war.

Als Yasemin fünf Jahre alt war, brachten ihre Eltern bei ihrem Besuch plötzlich ein Baby mit und erklärten ihr, dass dies nun ihr Bruder wäre. Yasemin war ganz verliebt in das süße Baby und liebkoste es stundenlang.

Irgendwann kam der Tag, an dem ihre Großmutter ins Krankenhaus kam. Sie hatte sehr abgenommen in der letzten Zeit und immer wieder über Schmerzen geklagt.

Yasemin war in dieser Zeit bei einer Tante und als sie eines Tages vom Spielen mit ihren Freundinnen nach Hause kam, war die ganze Nachbarschaft da und alle weinten. Man erklärte Yasemin, dass die Oma verstorben sei. Yasemin verstand die Welt nicht mehr. Sie war zu klein um zu verstehen, was dies bedeutete, und die Sehnsucht nach der geliebten Großmutter wuchs oft ins Unermessliche.

Plötzlich kamen ihre Eltern um Yasemin nach Deutschland zu holen. Sie weinte die ganze Zeit schrecklich, als sie mit ihren Eltern im Flugzeug saß und bekam dafür von ihrem Vater eine saftige Ohrfeige.

Noch nie hatte Yasemin bis zu dem Zeitpunkt jemand geschlagen und der Schock saß tief.

In der Wohnung bei ihren Eltern angekommen, musste sie feststellen, dass sie noch einen weiteren Bruder bekommen hatte. Sie musste sich mit den beiden jüngeren Geschwistern ein Zimmer teilen.

Von Anfang an musste sie bei der Betreuung ihrer Geschwister und der Hausarbeit mithelfen und wenn sie sich tagsüber etwas zu Schulden kommen ließ, berichtete dies die Mutter am Abend dem Vater und es setzte Prügel.

Yasemin war froh, als sie eingeschult wurde und sie so der bedrückenden Atmosphäre der Wohnung wenigstens stundenweise entfliehen konnte.

Im Gegensatz zu ihren Mitschülern musste sie nach der Schule aber sofort nach Hause kommen und so blickte sie oft sehnsüchtig hinterher, wenn diese sich nach Unterrichtsschluss noch gemeinsam in der Eisdiele trafen.

So verging Jahr um Jahr und als ihre Brüder in die Pubertät kamen, begannen sie zusätzlich damit, Yasemin das Leben schwer zu machen. Sie begannen sie zu kontrollieren und bei jeder Kleinigkeit bei den Eltern zu verpetzen.

Yasemin musste sie obendrein noch bedienen und wenn die beiden die Wohnung verließen, wie sie Lust und Laune hatten, blickte ihnen Yasemin oft sehnsüchtig vom Balkon aus nach.

Mittlerweile hatte sie einen guten Realschulabschluss gemacht und eine Ausbildung in einem Büro angefangen.

Sie war gerade 18 Jahre alt geworden, als ihr Vater ihr eröffnete, dass er beabsichtigte, Yasemin im nächsten Türkei Urlaub zu verheiraten. Obwohl sich alles in Yasemin gegen eine Hochzeit sträubte, wusste sie aber auch, dass jeder Widerstand zwecklos war. Wenn der Vater etwas beschlossen hatte, dann war es so. Punkt! Aus!

Leider war es in ihrer Familie noch so, dass der Vater den Bräutigam für die Tochter aussuchte. Dies war früher in allen türkischen Familien so üblich gewesen aber heute konnte in den moderneren Familien die Tochter in der Regel selbst aussuchen, wen sie heiraten möchte. Meist wurde dann in der eigenen Familie nach einem geeigneten Mann gesucht und in Yasemins Fall, war es ein Cousin mütterlicherseits mit Namen Mustafa, dem sie zur Frau versprochen wurde.

Ein halbes Jahr nach der Hochzeit waren alle Einreiseformalitäten erledigt und Mustafa kam nach Deutschland. Yasemins Vater hatte ihnen zwischenzeitlich eine Wohnung besorgt und diese auch eingerichtet.

Obwohl sich Yasemin am Anfang sehr gegen diese Hochzeit gesträubt hatte, freute sie sich doch sehr auf die eigene Wohnung und die Möglichkeit, damit ihren Eltern und ihren Brüdern zu entkommen. Gerade unter den Brüdern hatte sie in der letzten Zeit oft sehr gelitten, denn sie hatten mittlerweile damit begonnen, Yasemin für banale Kleinigkeiten zu schlagen. Ihre Eltern sahen dem tatenlos zu.

Die Brüder selbst hatten Narrenfreiheit und waren fast jedes Wochenende bis spät in die Nacht unterwegs. Wenn sie dann irgendwann gegen Mittag ihr Bett verließen, musste Yasemin sie von hinten bis vorne bedienen. Oft verfluchte sie die Kultur, in die sie hineingeboren wurde. Sie war nur froh, dass sie wenigstens kein Kopftuch tragen musste, wie so viele ihrer türkischen Freundinnen.

Die ersten Wochen mit Mustafa verliefen relativ ruhig. Obwohl Yasemin ihn nicht liebte, mochte sie ihn doch zumindest und er verhielt sich ihr gegenüber sehr anständig.

Da er ja in Deutschland außer Yasemins Familie noch niemanden kannte, hielt er sich die meiste Zeit zu Hause auf. Yasemin lernte in dieser Zeit fleißig Deutsch mit ihm, damit er bald eine Arbeitsstelle finden würde.

Die Situation zwischen ihnen begann sich schlagartig zu verschlechtern, als Yasemins Brüder Mustafa regelmäßig mit in die Disco nahmen. Plötzlich trank er viel Alkohol und kam manchmal erst in den frühen Morgenstunden nach Hause. Als sich Yasemin darüber bei ihren Eltern beschwerte, bekam sie nur zu hören, dass Mustafa schließlich ein Mann sei und sie ihm seine Freiheit lassen müsse.

Als er eines Nachts wieder mal sehr betrunken nach Hause kam und in diesem Zustand mit Yasemin schlafen wollte, verweigerte sie sich ihm. Plötzlich fiel Mustafa über sie her wie ein Tier. Er riss ihr das Nachthemd vom Leib und vergewaltigte sie brutal. Wieder versuchte Yasemin sich Hilfe bei ihren Eltern zu holen, bekam aber von ihrer Mutter nur zur Antwort, dass sie daran ja selbst schuld sei, da sie schließlich mit ihrem Mann zu schlafen hätte, wenn er dies wollte.

Dies gehöre einfach zu ihren Pflichten als Ehefrau.

Dies war für lange Zeit das letzte Mal, dass Yasemin versuchte, sich bei ihrer Familie Hilfe zu holen.

Obwohl Mustafa mittlerweile auch damit begonnen hatte, sie regelmäßig zu schlagen, ertrug sie diese Gewalt und vertraute sich niemandem mehr an. Dies wäre aber eigentlich auch gar nicht nötig gewesen, da die Spuren von Mustafas Schlägen meist deutlich zu sehen waren. Oft waren ihre Arme von blauen Flecken übersät, und auch die Blutergüsse im Gesicht konnte man nicht wirklich übersehen.

Aber niemand aus ihrer Familie schien das zu interessieren. Auch die Nachbarn, die ja regelmäßig Yasemins Schreie aus der Wohnung hören konnten, griffen nicht ein. Da Yasemin in einem rein türkischen Viertel wohnte, konnte sie keine Hilfe erwarten. In ihrer Kultur war es einfach nicht üblich, dass man sich in die Angelegenheiten der Nachbarn mischte und es herrschte die Meinung vor, dass eine Frau, die von ihrem Mann verprügelt wurde, dies auch mit Sicherheit verdient hätte.

Über acht Jahre ertrug Yasemin ihre Situation. Mittlerweile hatte sie zwei Söhne geboren und sich mehr oder weniger mit ihrem Schicksal abgefunden.

Sie wusste ganz genau, dass eine Trennung von Mustafa auch den Verlust ihrer kompletten Familie bedeutet hätte. Eine Frau, die sich scheiden ließ, war in ihrer Familie nicht üblich und hätte einen Ehrverlust für ihren Vater zur Folge gehabt. Obwohl Yasemin ja keinerlei Unterstützung durch ihre Eltern hatte, konnte sie trotzdem die Vorstellung in einem fremden Land ganz alleine zurechtkommen zu müssen, kaum ertragen.

Außerdem wusste sie, dass sie ja kein Einzelfall war. Auch die Frauen ihrer Brüder wurden regelmäßig verprügelt und selbst in ihrem türkischen Bekanntenkreis gab es kaum eine Frau, die nicht hin und wieder eine Ohrfeige von ihrem Mann bekam.

Yasemin bedauerte sehr, nicht in eine der moderneren Familien hineingeboren zu sein. Viele hier in Deutschland lebenden Türken hatten mittlerweile selbst ein völlig anderes Weltbild als noch ihre Großeltern es hatten und sahen die Frauen der Familie als gleichberechtigte Partner an.

Yasemins Kampfgeist wurde erst geweckt, als sie auf dem Spielplatz eine deutsche Frau kennenlernte. Ihre Kinder spielten immer zusammen und in dieser Zeit freundeten die ungleichen Frauen sich an. Nach einer Weile vertraute Yasemin sich ihrer neuen Bekanntschaft an. Sabine war entsetzt über die Zustände, in denen Yasemin lebte und sagte ihr für den Fall, dass sie sich doch trennen wolle, ihre Hilfe zu.

Am Anfang war dies für Yasemin noch undenkbar, aber je öfter sie sich mit Sabine darüber unterhielt, umso stärker setzte sich der Wunsch in ihr fest, ein selbstbestimmtes, gewaltfreies Leben zu führen.

Sabine gab ihr für den Notfall ihre Telefonnummer und Adresse und schärfte ihr ein, sie bei einer erneuten Gewaltattacke durch Mustafa sofort anzurufen.

Dies tat Yasemin dann auch tatsächlich. Mustafa war wieder einmal in den frühen Morgenstunden nach Hause gekommen und hatte Yasemin völlig grundlos aus dem Bett gezerrt und verprügelt. Anschließend legte er sich seelenruhig in sein Bett und schlief seinen Rausch aus.

Ohne noch groß über die Folgen nachzudenken, packte Yasemin schnell die notwendigsten Dinge für sich und die Kinder zusammen und bestellte sich ein Taxi.

Vor Angst zitternd stand sie kurz darauf auf der Straße und wartete auf das rettende Auto. Nicht auszudenken, wenn Mustafa wach werden sollte und ihre Flucht auffliegen würde, bevor sie überhaupt richtig begonnen hätte.

Das Glück war aber auf Yasemins Seite und so saß sie kurz darauf mit ihren Kindern in dem Taxi und ließ sich zu Sabines Adresse bringen. Da sie kein Handy besitzen durfte, konnte sie ihre Freundin nicht über ihr kommen informieren und Yasemin betete, dass Sabine auch zu Hause sein würde.

Ein weiteres Mal meinte das Schicksal es gut mit ihr und so saß sie kurz darauf völlig aufgelöst in Sabines Küche. Mittlerweile waren ihr an ihrem überstürzten Handeln erste Zweifel gekommen, aber nun gab es kein Zurück mehr.

Sabine reagierte besonnen und informierte sofort die Polizei. Die Beamten gaben ihr die Telefonnummer einer Frauengewaltberatungsstelle und gaben ihr den Rat, sich dorthin zu wenden. Da Yasemin vor lauter Aufregung gar nicht in der Lage war, selbst zu telefonieren, übernahm Sabine auch diesen Anruf für sie.

Die Frau am anderen Ende der Leitung war sehr nett und versprach, bei Sabine vorbeizukommen und Yasemin mit den Kindern dort abzuholen. Sie wollte ihr in der Zwischenzeit einen Platz im städtischen Frauenhaus organisieren, wo sie erst einmal mit den Kindern sicher untergebracht wäre.

Als Yasemin dann ein paar Stunden später das Frauenhaus in Begleitung der Sozialarbeiterin betrat, war sie schon wesentlich ruhiger. Ihren Kindern hatte sie erzählt, dass sie nun eine Weile hier Urlaub machen würden.

Yasemin war erstaunt, wie viele türkische Frauen hier eine Zuflucht gefunden hatten und sofort fühlte sie sich nicht mehr so fremd und allein gelassen.

In den nächsten Wochen erfuhr sie von vielen Schicksalen, die ihrem fast bis ins Detail glichen.

Obwohl nun viel Papierkram und Termine auf Ämtern zu erledigen waren und Yasemin damit bisher keinerlei Erfahrung hatte, schaffte sie es dank der Unterstützung der Sozialarbeiterinnen des Frauenhauses, alles zu erledigen und damit die Weichen in eine gewaltfreie Zukunft zu stellen.

Was blieb, war natürlich eine wahnsinnige Angst vor ihrer Familie. Es würde sich auf Dauer nicht vermeiden lassen, dass sie ihnen in der Stadt über den Weg laufen würde. Da die anderen türkischen Frauen ja mit denselben Problemen zu kämpfen hatten, beschloss Yasemin, mit einer von ihnen eine Wohngemeinschaft in einer anderen Stadt zu gründen.

Obwohl der Neuanfang in der fremden Umgebung schwer war, hat er sich für beide Frauen gelohnt.

Am schlimmsten empfand Yasemin die Gerichtsverhandlungen, die bezüglich der Scheidung und dem Sorgerecht der Kinder stattfanden. Ihre Familie beschimpfte und bespuckte sie und erklärte Yasemin, dass sie ab sofort nicht mehr zur Familie gehören würde.

Obwohl Yasemin ja mit einer weitaus schlimmeren Reaktion gerechnet hatte, tat ihr dieses Verhalten sehr weh. Vor allem für ihre Kinder tat es ihr leid, dass diese nun keinen Kontakt mehr zu ihrem Vater und den Großeltern haben konnten.

Sie brauchte fast zwei Jahre, bis sie den Verlust verkraftet hatte und sich in ihrem neuen Leben wirklich wohl fühlte. Die Wohngemeinschaft mit der türkischen Frau und ihren Kindern half ihr aber dabei. Umso mehr traf es sie, als diese plötzlich zu ihrem prügelnden Mann zurückkehrte. Sie hatte dem permanenten Druck, den ihre Familie auf sie ausübte, einfach nicht mehr Stand halten können.

Yasemin hat nach ihrem Auszug nie wieder etwas von ihr gehört.

Drei Jahre nach ihrer Trennung begann Yasemin wieder stundenweise in einem Büro zu arbeiten.

Dort lernte sie Andreas kennen. Er verliebte sich in sie und obwohl sie seine Gefühle erwiderte, musste Andreas lange um Yasemin kämpfen. Zu tief saß die Angst, wieder an einen Mann zu geraten, der zuschlagen könnte.

Diese Angst erwies sich aber als unbegründet.

Heute sind die beiden verheiratet und Yasemin wurde liebevoll in seine Familie aufgenommen.

Nur noch selten denkt Yasemin heute an ihre schlimme Vergangenheit zurück.

Bei der Erziehung ihrer Söhne hat sie von Anfang an darauf geachtet, dass sie Frauen als das ansehen, was sie sind: eigenständige und gleichberechtigte Personen.

Bedroht!

Was können Sie tun, wenn Ihr Expartner Sie aufsucht und bedroht oder Ihnen gegenüber sogar erneut gewalttätig wird?

Über 80 Prozent aller Stalker sind männlich, und in 60 bis 80 Prozent aller Stalking-Fälle ist dem Stalking eine abgebrochene Beziehung oder sogar Ehe vorausgegangen. Sie können also mit hoher Wahrscheinlichkeit davon ausgehen, dass Ihr Expartner auch nicht kampflos aufgeben wird.

Am Anfang kann das noch relativ ungefährlich sein, da er sich vermutlich darauf verlegen wird, Reue und Einsicht zu zeigen. Wenn er aber nach einer Weile merkt, dass Sie von Ihrem Entschluss, sich zu trennen, nicht abweichen werden, wird er sein Verhalten drastisch ändern. Zunächst werden das erfahrungsgemäß Beschimpfungen und üble Nachrede in Ihrem sozialen Umfeld sein und später in Verfolgung und eventuell auch in erneute körperliche Gewalt münden.

Ich möchte Sie in keinster Weise demoralisieren, aber ich möchte Sie in jedem Fall realistisch darüber aufklären, was unter Umständen auf Sie zukommen könnte, und vor allem, wie Sie dem vorbeugen können, denn wenn Sie auf alle Eventualitäten gut vorbereitet sind, senkt dies Ihr Sicherheitsrisiko um ein Vielfaches.

Fast täglich kann man in diversen Tageszeitungen lesen, dass verlassene Männer ihre Expartnerinnen tätlich angreifen, und nicht selten enden diese Angriffe tödlich. Die Menschen sind nur teilweise schon so abgestumpft, was solche Meldungen betrifft, dass sie sie zwar lesen, aber gar nicht mehr bewusst aufnehmen.

Damit Sie möglichst erst gar nicht von Ihrem ehemaligen Lebenspartner aufgefunden werden, sollten Sie nachfolgende Tipps beherzigen.

Untertauchen: gewusst, wie – Fünf Tipps, die Sie quasi »unsichtbar« machen

Tipp 1

Wenn Sie meine Ratschläge bisher befolgt haben, dann müssten Sie Ihr bisher benutztes Handy unbrauchbar gemacht haben. Da Sie aber sicherlich für die engsten Freunde und Verwandten erreichbar sein möchten, bedeutet das, dass Sie sich ein neues Handy besorgen müssen.

Wie schon erwähnt, bekommt man mittlerweile in jedem großen Elektronik-Fachmarkt ein Handy mit Prepaid-Karte für unter 20 Euro. Auch eine Prepaid-Karte muss aber auf eine Person registriert werden. Bitten Sie in Ihrem Fall eine gute Freundin oder ein Familienmitglied, dies für Sie auf ihren beziehungsweise seinen Namen zu tun, da sonst die Gefahr besteht, dass Ihr Expartner über das Internet Ihre neue Nummer und auch Ihren aktuellen Aufenthaltsort herausfindet.

Sollten Sie einen Festnetzanschluss haben, widersprechen Sie bitte sofort, dass diese Nummer in öffentlichen Verzeichnissen geführt wird. Somit stellen Sie sicher, dass Sie weder im Telefonbuch noch in irgendwelchen Internet-Telefonverzeichnissen aufzufinden sind.

Tipp 2

Sollten Sie bereits eine neue Wohnung gefunden haben, lassen Sie sich nicht die Post nach Hause bringen, sondern legen Sie sich eine Postfachadresse zu. Zum einen besteht dann nicht die Gefahr, dass Ihr Ex Ihre Adresse im Zuge eines Schriftwechsels doch noch herausbekommt, und zum anderen gibt es dann auch keinen Briefkasten an Ihrer Wohnung, auf dem Ihr Name steht.

Ebenfalls sollten Sie zumindest in der ersten Zeit darauf verzichten, Ihre Klingel zu beschriften.

Tipp 3

Lassen Sie beim Einwohnermeldeamt eine Auskunftssperre verhängen. Das bedeutet, dass keine Privatperson mehr ohne Rücksprache mit Ihnen Ihre Adresse mitgeteilt bekommt. Lediglich Gerichte, Gerichtsvollzieher und andere Amtspersonen sind von der Auskunftssperre ausgenommen.

Tipp 4

Falls Sie ein Auto besitzen, welches auf Ihren Namen angemeldet ist, beantragen Sie auch bei Ihrer zuständigen Zulassungsstelle eine Auskunftssperre. Es ist nämlich ansonsten ein Leichtes, über diese Stelle an Ihre Daten zu kommen. Wenn ein Anrufer beispielsweise Ihr Kennzeichen nennt und Sie als Unfallverursacher beschuldigt, reicht das in der Regel aus, um Ihre Adressdaten zu erhalten.

Tipp 5

Falls Sie Kinder haben, die schulpflichtig sind oder einen Kindergarten besuchen, ist es wichtig, dass Sie auch dort die Information hinterlassen, dass Ihre Adresse auf keinen Fall herausgegeben wird. Männer greifen gerne zu dem Trick, dort anzurufen, um Ihre Adresse zu hinterfragen. Oft denkt sich dann die Sekretärin nichts Böses, da es sich ja schließlich um den Vater der Kinder handelt, und gibt bereitwillig Auskunft.

Fünf leicht zu erlernende Selbstverteidigungstricks, die Ihnen in einer Notsituation die benötigte Zeit zur Flucht verschaffen

Meistens wird man überraschend mit Gewaltsituationen konfrontiert und ist dann zunächst vor Schreck und Angst wie gelähmt. Aus diesem Grund ist es wichtig, sich vorzeitig und ausreichend mit diesem Thema zu beschäftigen und die nachfolgenden Übungen immer wieder zu wiederholen, damit sie im Ernstfall schnell abrufbar sind. Es geht hier nicht darum, einen zweiten Chuck Norris aus Ihnen zu machen, sondern ich möchte Ihnen eher die Möglichkeit verschaffen, in einer Gefahrensituation schnell und effektiv reagieren zu können, damit Sie sich die notwendige Zeit zur Flucht verschaffen können. Parallel dazu kann ich jeder Frau auch nur empfehlen, einen Selbstverteidigungskurs speziell für Frauen zu besuchen. In vielen Städten bieten Volkshochschulen oder Einrichtungen wie beispielsweise die Caritas oder Gewaltberatungsstellen solche Kurse für wenig Geld an.

Tipp 1

Tragen Sie ab sofort immer eine Handvoll Salz in Ihrer Hosentasche. Sobald Sie in einer Notsituation sind und befürchten müssen, gleich angegriffen zu werden, können Sie dieses Salz Ihrem Angreifer ins Gesicht werfen.

Dies brennt in den Augen zunächst wie Feuer und setzt ihn für einen kurzen Moment außer Gefecht, ist aber völlig unschädlich.

Tipp 2

Ebenfalls empfehle ich Ihnen, zu Selbstverteidigungszwecken immer einen Kugelschreiber oder einen Autoschlüssel einzustecken. Wenn Sie sich einen dieser Gegenstände zwischen Zeige – und Mittelfinger klemmen, können Sie in einer Gewaltsituation Ihrem Angreifer damit gezielt in den Arm oder die Brust stechen. Wenn Sie das Gesicht meiden, werden Sie damit keine ernsthaften Verletzungen herbeiführen, aber dem Peiniger immerhin so viel Schmerz zufügen, dass er zunächst mit sich selbst beschäftigt ist und von Ihnen ablässt.

Tipp 3

Ein sehr einfacher und doch effektiver Tipp ist der folgende:

Wenn ein Angreifer frontal auf Sie zukommt, warten Sie, bis er kurz vor Ihnen ist, und treten dann einfach einen großen Schritt zur Seite. Er wird darauf nicht vorbereitet sein und läuft mit großem Schwung ins Leere.

Tipp 4

Sollte Ihnen ein Angreifer trotz der vorgenannten Tipps zu nahe gekommen sein und Sie beispielsweise würgen, gehen Sie wie folgt vor: Würgt er Sie mit der rechten Hand, dann versuchen Sie diese Hand ebenfalls mit Ihrem rechten Arm nach links wegzuschlagen und gehen gleichzeitig einen großen Schritt rückwärts. Benutzt er die Linke, nehmen Sie ebenfalls Ihren linken Arm und schlagen nach rechts. Sehr wichtig ist bei dieser Technik der große Schritt, den Sie rückwärtsgehen müssen, da ansonsten die Gefahr besteht, dass Sie sich selbst verletzen. Am besten bitten Sie jemanden, diese Übung mit Ihnen mehrmals zu trainieren.

Tipp 5

Sollte der Angreifer Sie am Oberkörper umklammern, dann hilft hier meist nur noch ein kurzer, kräftiger, aber gezielter Tritt gegen das Schienbein. Das Schienbein ist eine der schmerzempfindlichsten Körperstellen, die wir haben. Dieser Tritt ist natürlich am effektivsten, wenn Sie festes Schuhwerk tragen.

> Bitte beachten Sie, dass Sie die vorgenannten Tipps ausschließlich in einer akuten Gefahrensituation und nur zu Selbstverteidigungszwecken anwenden.

Fünf Tipps, wie Familie, Freunde oder Nachbarn sofort helfen können, nachdem sie von Gewalt in ihrem Umfeld erfahren haben

Oftmals ahnen die Menschen etwas, wenn in ihrem Umfeld häusliche Gewalt verübt wird, aber die Hemmschwelle ist meist zu groß, um die betreffende Person darauf anzusprechen – immerhin sind es meist »nur« Vermutungen. Was bleibt, ist eine große Verunsicherung und manchmal auch Schuldgefühle, wenn man seine Vermutung wieder einmal bestätigt sieht, weil das Opfer beispielsweise sichtbare äußere Verletzungen zeigt. Dabei ist es so einfach, etwas zu tun, ohne aufdringlich zu wirken oder sich selbst in unnötige Gefahr zu begeben.

Wenn Sie folgende Tipps beherzigen, haben Sie schon eine Menge getan und können reinen Gewissens sein, denn nichts ist schlimmer, als tatenlos zuzuschauen, wenn einem anderen Menschen Gewalt angetan wird.

Tipp 1

Sollten Sie eindeutige Anzeichen mitbekommen, dass in Ihrer unmittelbaren häuslichen Umgebung gerade jemand verprügelt wird, zögern Sie bitte keine Sekunde und rufen die Polizei an. Schildern Sie dem Beamten am Telefon so kurz und prägnant wie möglich, was in Ihrer Nachbarschaft gerade vor sich geht. Zählen Sie alles auf, was Sie gerade hören oder sehen können. Selbstverständlich können Sie den Beamten darum bitten, dass der Täter nicht darüber in Kenntnis gesetzt wird, dass Sie es waren, der beziehungsweise die die Polizei alarmiert hat.

Falls Sie kein Problem damit haben, dass der Täter weiß, dass Sie gerade mitbekommen, was in seiner Wohnung vor sich geht, können Sie auch bis zum Eintreffen der Beamten versuchen, seine Aufmerksamkeit von dem Opfer abzulenken, indem Sie laut schreien oder mit einer schrillen Trillerpfeife Lärm verursachen. Bedenken Sie dabei nur bitte, dass Sie dies aus sicherer Entfernung tun sollten, um sich selbst nicht unnötig in Gefahr zu bringen.

Tipp 2

Wenn Sie das Opfer nicht direkt auf Ihre Beobachtung ansprechen wollen, suchen Sie am besten die Telefonnummer und Adresse des nächsten Frauennotrufs oder einer Gewaltberatungsstelle heraus, und notieren Sie diese auf einem Zettel. Bei nächster Gelegenheit können Sie dem Opfer diesen Zettel mit den einfachen Worten »Ich hab hier was für Sie/dich« in die Hand drücken. Mehr Worte sind gar nicht nötig.

Tipp 3

Falls Sie einen engeren Kontakt zu dem Opfer haben, sprechen Sie es direkt auf Ihre Vermutung der Gewaltausübung an. Seien Sie dabei sensibel, aber nennen Sie die Dinge beim Namen. Beginnen Sie das Gespräch am besten mit dem Satz: »Du, es geht mir nicht gut, weil ich die Vermutung habe, dass dir Gewalt angetan wird. Kann ich etwas für dich tun?« Mit diesem Satz haben Sie dem Opfer eine Brücke zu Ihnen gebaut, und es muss jetzt selbst entscheiden, ob es darüber reden möchte oder nicht. Falls es sich nun Ihnen gegenüber öffnet und Ihre Vermutung bestätigt, bleiben Sie einfühlsam, und sagen Sie auf keinen Fall solche Dinge wie: »Ja, warum lässt du dir das gefallen und gehst nicht einfach?« Wenn das Opfer so einfach gehen könnte, hätte es dies mit Sicherheit schon längst getan. Bieten Sie stattdessen an, gemeinsam eine Gewaltberatungsstelle aufzusuchen und dass im Notfall Ihre Tür Tag und Nacht offen steht.

Tipp 4

Schreiben Sie einen anonymen Brief an den Täter! Nehmen Sie sich die Zeit, und schreiben Sie einen Brief, den Sie an den Täter adressieren. Dort sollten Sie Ihre Beobachtungen auflisten und ihm klarmachen, dass Sie das zukünftig nicht mehr dulden werden und die Polizei und für den Fall, dass sich auch Kinder in seinem Umfeld befinden sollten, auch das Jugendamt einschalten werden. Damit Sie beim Einwerfen des Briefes nicht zufällig beobachtet werden können, sollten Sie ihn mit der Post versenden.

Tipp 5

Lassen Sie sich nicht abwimmeln! Viele Menschen müssen die Erfahrung machen, dass, wenn sie einem Gewaltopfer helfen möchten, sie zunächst erst einmal abgewiesen werden. Die meisten ziehen sich dann ganz getreu dem Motto »Dann halt nicht!« wieder zurück. Bitte tun Sie das nicht, und bleiben Sie am Ball. Das heißt nun nicht, dass Sie dem Opfer ständig hinterherrennen sollen, aber geben Sie ihm zumindest diskret aus dem Hintergrund immer wieder zu verstehen, dass Sie als Ansprechpartner und Hilfsperson zur Verfügung stehen. Opfer sind meist so traumatisiert und voller Ängste, dass sie sich nicht mehr vorstellen können, dass es einen Weg aus ihrer persönlichen Hölle heraus gibt. Ich kenne dies nur zu gut aus meiner täglichen Arbeit mit Gewaltopfern. Jeder Vorschlag, wie ein Weg in eine gewaltfreie Zukunft aussehen könnte, wird mit unzähligen Argumenten als nicht durchführbar abgeschmettert, und es bedarf unzähliger Gespräche, alle Bedenken auszuräumen.

Nützliche Adressen von Frauenhäusern und Gewaltberatungsstellen

Adressen in Deutschland

BFF: Frauen gegen Gewalt e. V.
Bundesverband Frauenberatungsstellen und Frauennotrufe
Rungestraße 22–24
10179 Berlin

Tel. 030/322 995-00
Fax 030/322 995-01
info@bv-bff.de
www.frauen-gegen-gewalt.de

bff: Frauen gegen Gewalt ist eine gemeinnützige Organisation von Frauen für Frauen. Immer noch ist jede dritte Frau in Deutschland einmal in ihrem Leben Opfer von psychischer, körperlicher oder sexualisierter Gewalt. Dass sich das ändert, dafür setzt sich der *bff* ein. Wir helfen bundesweit über unsere Beratungseinrichtungen, ermöglichen es den Betroffenen, den Teufelskreis aus Scham und Gewalt zu durchbrechen.

→ Die folgenden Links bieten Suchfunktionen, über die Sie Hilfseinrichtungen in Ihrer Nähe finden können. Dort wird persönliche und telefonische Beratung für Frauen angeboten, die sexualisierte, körperliche oder psychische Gewalt erleben oder erlebt haben: http://www.frauen-gegen-gewalt.de/vor_ort/?m=Hilfsangebote, http://www.frauennotruf.de/.

Frauenhauskoordinierung e. V.
Tucholskystr. 11
10117 Berlin

Tel. 030/921 220-83/84; 030/32 661 233
Fax 030/260 741 30
fhk@paritaet.org
www.frauenhauskoordinierung.de

Der Verein *Frauenhauskoordinierung e. V.* setzt sich für den Abbau von Gewalt an Frauen und für die Verbesserung der Hilfen für misshandelte Frauen und deren Kinder ein. Ziel der Arbeit ist die Unterstützung der Frauenhäuser und Hilfseinrichtungen in ihrer Alltagspraxis und in ihren übergreifenden Interessen durch Informationen, Austausch und Vernetzung. Der Verein wird von den Bundesverbänden der Arbeiterwohlfahrt, des Deutschen Caritasverbandes, des Diakonischen Werkes der EKD, des Paritätischen Wohlfahrtsverbandes und des Sozialdienstes katholischer Frauen getragen. Das Projekt *Frauenhauskoordinierung* wird vom Bundesministerium für Familie, Senioren, Frauen und Jugend gefördert.

➔ Über http://www.frauenhauskoordinierung.de/index.php?id=14 gelangen Sie zu einer Datenbank zur Frauenhaussuche vor Ort. Sie können per Telefon oder gegebenenfalls auch per E-Mail kurzfristig Kontakt zu den derzeit ca. 360 Frauenhäusern und 18 Frauenschutzwohnungen/Notaufnahmen der Frauenhaussuche aufnehmen.

ZIF – Zentrale Informationsstelle Autonomer Frauenhäuser
Postfach 101103
34011 Kassel

Tel./Fax: 0561/820 30 30
zif-frauen@gmx.de
www.autonome-frauenhaeuser-zif.de

Von den ca. 360 Frauenhäusern in Deutschland bezeichnen sich 135 als Autonome Frauenhäuser und geben damit ihrer parteipolitischen und konfessionellen Unabhängigkeit Ausdruck. Die Vereine arbeiten in Selbstverwaltung mit basisdemokratischen Elementen, wozu auch das Mitspracherecht der Bewohnerinnen der Frauenhäuser zählt. Die Arbeit erfolgt nach dem Hilfe-zur-Selbsthilfe-Prinzip und dem Prinzip der Parteilichkeit für von Gewalt betroffene Frauen, Mädchen und Jungen. Mitarbeiterinnen der Autonomen Frauenhäuser arbeiten und entscheiden in der Regel in gleichberechtigten Teams ohne Geschäftsleitung und ohne Chefin.

→ Über http://www.autonome-frauenhaeuser-zif.de/autonome_adressen.htm gelangen Sie zu den Adressen der Autonomen Frauenhäuser vor Ort.

Terre des Femmes

Referat Häusliche Gewalt
Merseburgerstr. 3
10823 Berlin

Tel. 030/40 50 46 99-0
Fax 030/40 50 46 99-9
gewaltschutz@frauenrechte.de
www.frauenrechte.de

Referat Beratung
Postfach 2565
72015 Tübingen

Tel. 07071/79 73-0
Fax 07071/79 73-22
beratung@frauenrechte.de
www.frauenrechte.de

Terre des Femmes ist eine gemeinnützige Menschenrechtsorganisation für Frauen und Mädchen, die durch internationale Vernetzung, Öffentlichkeitsarbeit, Aktionen, Einzelfallhilfe und Förderung von einzelnen Projekten Frauen und Mädchen unterstützt. *Terre des Femmes* setzt sich dafür ein, dass Frauen und Mädchen ein gleichberechtigtes und selbstbestimmtes Leben führen können und unveränderliche Rechte genießen. Themen der Beratung können unter anderem sein: Zwangsheirat, häusliche Gewalt, Gewalt im Namen der Ehre, Verschleppungen ins Ausland.

→ Unter folgendem Link finden Sie Beratungsstellen in Deutschland und im Ausland: http://www.ehrverbrechen.de/1/index.php?option=com_content&view=section&id=5&Itemid=96.

pro familia
Bundesverband
Stresemannallee 3
60596 Frankfurt am Main

Tel. 069/639002
Fax 069/639852
info@profamilia.de
www.profamilia.de

pro familia ist eine gemeinnützige Organisation, an die Sie sich mit allen Fragen zu Sexualität und Partnerschaft, Schwangerschaft und Familienplanung wenden können. Wir leiten unser Handeln aus Überzeugungen ab, die in den Allgemeinen Menschenrechten verankert sind. *pro familia* bietet in etwa 180 Einrichtungen in ganz Deutschland Information, Beratung und Hilfe. Bei Problemen in der Ehe oder Partnerschaft bietet *pro familia* Mediation an. Ziel eines Mediationsverfahrens ist, dass die Beteiligten selbst eine einvernehmliche Lösung ihrer Konflikte erarbeiten.

➔ Über http://www.profamilia.de/angebote-vor-ort.html gelangen Sie zu den Adressen der Einrichtungen vor Ort.

Weißer Ring
Weberstraße 16
55130 Mainz

Tel. 06131/83 03-0/45
Opfer-Telefon (bundesweit kostenlos): 116 006
info@weisser-ring.de
www.weisser-ring.de

Der *Weiße Ring* ist die einzige bundesweite Hilfsorganisation für Kriminalitätsopfer und ihre Familien. Er ist eine überparteiliche und unabhängige private Bürgerinitiative und kann Opfern auf vielfältige Weise helfen: von der persönlichen Betreuung nach der Straftat über Hilfestellungen im Umgang mit den Behörden, Erholungsprogramme, einem Beratungsscheck für die kostenlose Erstberatung bei einem frei gewählten Anwalt, Rechtsschutz, einem Beratungsscheck für eine kostenlose medizinisch-psychologische Erstberatung bei seelischen Belastungen infolge einer Straftat, Begleitung zu Gerichtsterminen sowie der Vermittlung von Hilfen anderer Organisationen.

➔ Bundesweites kostenfreies Opfer-Telefon (täglich von 7 bis 22 Uhr): 116 006

TelefonSeelsorge
0800/111 0 111
0800/111 0 222
(bundesweit kostenlos)

Träger der *TelefonSeelsorge* sind die beiden christlichen Kirchen in Deutschland, die Evangelische Kirche und die Katholische Kirche. Niemand, der anruft, wird nach seinem Namen gefragt. Ihr Anruf bleibt anonym. Die Rufnummer der Anrufenden erscheint bei uns nicht im Display. Da das Telefonat gebührenfrei ist, wird es später nicht in einem Einzelverbindungsnachweis zur Telefonrechnung aufgeführt. Niemand kann Ihrer Telefonrechnung entnehmen, dass Sie bei der *TelefonSeelsorge* angerufen haben. Alle Mitarbeiterinnen und Mitarbeiter unterliegen der Schweigepflicht.

➔ Kontakt zu den über 100 regionalen *TelefonSeelsorge*-Stellen in ganz Deutschland können Sie telefonisch erfragen (s.o.) oder über folgenden Link recherchieren: http://www.telefonseelsorge.de/?q=regionalestellen/list.

Diakonie – Hilfen für Frauen
Johanna Thie
Tel. 030/83001-231
thie@diakonie.de

Das *Diakonische Werk* (DW; Diakonie) ist ein Wohlfahrtsverband der Evangelischen Kirchen. Das Arbeitsfeld »Hilfen für Frauen« unterstützt die Arbeit der Frauenhäuser in evangelischer Trägerschaft in ihrem Bemühen, eine breitere Öffentlichkeit zu gewinnen, die Grundlagen ihrer Arbeit zu sichern und ihre bewährte Arbeit mit Frauen und Kindern auf hohem fachlichen Niveau weiterzuentwickeln.

→ Über diesen Link gelangen Sie zu den einzelnen Landesverbänden: http://www.diakonie.de/landesverbaende-1323.htm.

Katholische Ehe-, Familien- und Lebensberatung
Geschäftsstelle
Kaiserstraße 161
53113 Bonn

Tel. 0228/103-333
Fax 0228/103-334
m.feil@dbk.de
www.katholische-eheberatung.de

Die *Katholische Ehe-, Familien- und Lebensberatung* unterhält bundesweit 350 Beratungsstellen. Unser Angebot richtet sich an Paare, Familien und Einzelpersonen. Die Beratungsstellen stehen jedem offen – unabhängig von Konfession, Weltanschauung und Nationalität.

→ Über diese Links gelangen Sie an die Adressen der Beratungsstellen vor Ort: http://www.katholische-eheberatung.de/index.php?id=110 und http://www.katholische-eheberatung.de/index.php?id=49. Dieser Link gibt Informationen zur Online-Beratung: http://www.katholische-eheberatung.de/index.php?id=6.

Muslimisches SeelsorgeTelefon
Geschäftsstelle
Postfach 58 02 51
10412 Berlin

Tel. 030/44 35 098-0/21
Fax 030/44 35 098-28
info@mutes.de
www.mutes.de

Die Hilfsorganisation *Islamic Relief Deutschland* ist der alleinige Träger des *Muslimischen SeelsorgeTelefons*. Unsere Zielsetzung ist es, dem Anrufenden Gehör und Erleichterung zu verschaffen. Der Anrufer soll als Mensch gestärkt werden, um seine Situation in seinem Sinne anzugehen. Das Gespräch mit uns soll die Sprach- und Machtlosigkeit des Anrufers, die durch seine Situation bedingt ist, überwinden helfen.

iaf – Verband binationaler Ehen und Partnerschaften
Ludolfusstraße 2–4
60487 Frankfurt am Main

Tel. 069/71 37 56-0
Fax 069/7 07 50 92
sitorus@verband-binationaler.de
beratung@verband-binationaler.de
www.verband-binationaler.de

Unser Verband ist eine bundesweite Interessenvertretung. Wir haben uns zusammengeschlossen, um die soziale und rechtliche Gleichstellung von Menschen ungeachtet ihrer nationalen und kulturellen Herkunft zu verbessern. Wir arbeiten als gemeinnütziger Verein in 24 Städten in Deutschland: Wir beraten Frauen und Männer in allen Fragen einer binationalen Beziehung, wir bieten Veranstaltungen zu Fragen der interkulturellen Bildung, und wir fördern das bürgerschaftliche Engagement.

➔ Adressen von Geschäfts- und Regionalstellen in zahlreichen deutschen Städten zwecks Beratung unter anderem zu Themen wie binationaler Eheschließung, Krisen- oder Trennungssituationen und Kindesmitnahme sind zu finden unter: http://www.verband-binationaler.de/index.php?id=regionalstellen.

➔ Außerdem sehr informativ ist der vom iaf herausgegebene Ratgeber *Trennung und Scheidung binationaler Paare*, erschienen 2002 bei Brandes & Apsel.

CiB e. V./1001 Geschichte
Community of interests against bezness
Evelyne Kern
Wolfsbacher Str. 19
95448 Bayreuth

Tel. 01577/7894153 (Notfallnummer)
CiB-eV@1001Geschichte.de
www.cibev.de
www.1001geschichte.de

Im Februar 2003 gründete die selbst betroffene Journalistin und Autorin Evelyne Kern die Internetseite www.1001Geschichte.de, nachdem sie nach der Veröffentlichung ihres Buches *Sand in der Seele*, in dem sie ihre spannende »Bezness«-Geschichte erzählt, Hunderte Briefe ebenfalls betroffener Frauen erhalten hatte. Die Gründung der Interessengemeinschaft CiB war unumgänglich. Inzwischen ist die Internetseite von *1001Geschichte* zur Institution geworden, *CiB e. V.* zum eingetragenen Verein und »Bezness« (in orientalischen Urlaubsländern: Geschäft mit europäischen Frauen und Männern, denen die große Liebe, ein lukratives Geschäft und ein sorgenfreies Leben am Urlaubsort versprochen wird) zu einem Begriff, der von zahlreichen anderen Foren und den Medien übernommen wurde. Bei www.1001Geschichte.de veröffentlichen betroffene Frauen und Männer ihre wahren Geschichten und diskutieren im inzwischen größten Forum zum Thema Bezness mit Gleichgesinnten und Interessierten. Der Verein hilft folgendermaßen: Beratung in Bezness-Fällen (in allen Ländern), Sorgerechtsfragen und im Umgangsrecht.

➔ Bei drohender oder erfolgter Kindesentführung und Umgangsrechtfragen kann folgende Notfallnummer angewählt werden: 01522/3186649.

➔ Ein normaler Vorabkontakt sollte über E-Mail erfolgen: CiB-eV@1001Geschichte.de. Auf der Website sind die Mailadressen von weiteren Ansprechpartnern verzeichnet: http://www.cibev.de/ansprechpartner/.

ISD – Internationaler Sozialdienst
Michaelkirchstr. 17–18
10179 Berlin-Mitte

Tel. 030/62 980-403/4
Fax 030/62 980-450
isd@iss-ger.de
www.iss-ger.de

Der ISD ist die deutsche Zweigstelle des *International Social Service* und die Verbindungsstelle zwischen deutschen und ausländischen freien Trägern der Sozialarbeit, zwischen Jugend- und Sozialbehörden, Vormundschafts- und Familiengerichten im In- und Ausland. Der Verband hat folgende Schwerpunktarbeitsbereiche: internationale Familienkonflikte, länderübergreifende Kinder- und Jugendhilfe, Migration, internationale Adoption. Der *ISD* unterstützt die außergerichtliche Einigung in einem Familienkonflikt in jedem Stadium des Verfahrens und bietet darüber hinaus Mediation in internationalen Familienkonflikten an.

Bundesamt für Justiz
Zentrale Behörde für internationale Sorgerechtskonflikte
Adenauerallee 99–103
53113 Bonn

Tel. 0228/99 410-40; 0228/99 410-5212 (auch international)
Fax 0228/99 410-5050; 0228/99 410-5401 (auch international)
int.sorgerecht@bfj.bund.de
www.bundesjustizamt.de

Das *Bundesamt für Justiz* als zentrale Behörde kann Ihnen behilflich sein, wenn Sie und Ihr Kind von einer grenzüberschreitenden Sorgerechts- oder Umgangsstreitigkeit oder einer internationalen Kindesentführung bereits betroffen sind oder diese möglicherweise bevorsteht.

➔ Über diesen Link gelangt man zu weiteren Webseiten zum Thema: http://www.bundesjustizamt.de/cln_115/DE/Themen/Zivilrecht/HKUE/HKUE__node.html?__nnn=true.

Auswärtiges Amt
Werderscher Markt 1
10117 Berlin

Tel. 03018-17-2000 (Bürgerservice)
Fax 03018-17-3402
poststelle@auswaertiges-amt.de
www.auswaertiges-amt.de

Für Millionen deutscher Touristen wie für im Ausland ansässige Deutsche sind die Auslandsvertretungen in allen rechtlichen Angelegenheiten die wichtigste Verbindungsstelle nach Deutschland. Das Servicespektrum der Konsularhilfe umfasst unter anderem Informationen zur internationalen Eheschließung, zum internationalen Scheidungsrecht sowie zur Kindesentziehung.

➔ Die folgende Website enthält die Adressen der deutschen Auslandsvertretungen (Botschaften, Konsulate): http://www.auswaertiges-amt.de/DE/Laenderinformationen/DtAuslandsvertretungenALaenderauswahlseite_node.html.

Deutscher Anwaltverein
Littenstraße 11
10179 Berlin

Tel. 030 726152-0
Fax 030 726152-190
dav@anwaltverein.de
www.anwaltauskunft.de

Dem Verein gehören 247 Anwaltvereine in ganz Deutschland an sowie in Frankreich, Großbritannien, Portugal, Griechenland, Italien und Brasilien. Über die örtlichen Anwaltvereine sind über 68 000 Rechtsanwältinnen und Rechtsanwälte dem DAV angeschlossen.

➔ Über die Datenbank unter folgendem Link können Sie in zahlreichen Ländern nach einem Anwalt suchen: http://anwaltauskunft.de/anwaltsuche.

➔ Unter der folgenden kostenpflichtigen Nummer erhalten Sie Anwaltauskunft am Telefon: 0 18 05 18 18 05.

Wichtige Adressen in Österreich

AOEF – Autonome Österreichische Frauenhäuser
Informationsstelle gegen Gewalt
Bacherplatz 10/4
A-1050 Wien

Tel. 01/544 98 20
Fax 01/544 98 20-24
informationsstelle@aoef.at
www.aoef.at

Der AOEF ist die Dachorganisation der Autonomen Frauenhäuser in Österreich. 26 von derzeit 30 österreichischen Frauenhäusern sind im Verein vernetzt.

➔ Über diesen Link gelangen Sie zu den jeweiligen Frauenhäusern vor Ort: http://www.aoef.at/cms/index.php?option=com_content&view=article&id=50&Itemid=60&lang=de.

Über diesen Link gelangen Sie an verschiedene Beratungsstellen, unter anderem für Migrantinnen: http://www.aoef.at/cms/index.php?option=com_content&view=article&id=54&Itemid=62&lang=de.

Frauenhelpline gegen Männergewalt
im Verein Autonome Österreichische Frauenhäuser
0800/222 555 (Notruf)
frauenhelpline@aoef.at
www.frauenhelpline.at

24-Stunden Frauennotruf der Stadt Wien
Tel. 01/71 71 9
frauennotruf@wien.at

Der *Frauennotruf* ist rund um die Uhr Anlaufstelle für Frauen und Mädchen ab 14 Jahren, die von sexueller, körperlicher oder psychischer Gewalt betroffen sind. Rasche Soforthilfe und Krisenintervention sowie Beratung und Betreuung bei akuten Erfahrungen mit Gewalt sind zentrale Angebote. Mitbetroffene Angehörige, Freundinnen und Freunde oder Bekannte können dieses Angebot ebenso nutzen. Die Mitarbeiterinnen des *Frauennotrufs* haben Berufsausbildungen in den Bereichen Psychologie, Sozialarbeit und Rechtswissenschaften.

Orient Express
Beratungs-, Bildungs- und Kulturinitiative für Frauen
Frauenservicestelle
Schönngasse 15–17 / Top 2
A-1020 Wien

Tel. 01/728 97 25
Fax 01/728 97 25-13
office@orientexpress-wien.com
www.orientexpress-wien.com

Orient Express ist ein gemeinnütziger, politisch und konfessionell unabhängiger Verein, der eine Frauen- und eine Familienberatungsstelle sowie ein Kurszentrum betreibt. Der Verein bietet anonyme und kostenlose Beratung auf Deutsch, Türkisch, Arabisch und Englisch an (gegen vorherige Terminvereinbarung). Die Beratungsschwerpunkte sind: Scheidung, Trennung, Gewalt, Missbrauch, Zwangsverheiratung, Frauenbeschneidung, Generationskonflikte, Rechtsinformationen.

➔ Über diesen Link gelangen Sie zu weiteren Beratungsstellen und zu Opferschutzeinrichtungen und Helplines: http://www.orientexpress-wien.com/Frames/index.html.

Telefonseelsorge

Innerhalb jedes österreichischen Bundeslandes rund um die Uhr erreichbar unter der gebührenfreien Telefonnummer

➔ 142

ISD – Internationaler Sozialdienst (Deutschland)

➔ vgl. die Informationen auf S. 134f., da die deutsche Zweigstelle des *International Social Service* vorübergehend auch Aufgaben wahrnimmt, die Österreich betreffen.

Wichtige Adressen in der Schweiz

DAO – Dachorganisation Frauenhäuser
Postfach 2543
CH-5001 AARAU

Tel. 079/435 16 08
dao@frauenhaus-schweiz.ch
www.frauenhaus-schweiz.ch

Die *Dachorganisation der Frauenhäuser Schweiz (DAO)* umfasst 17 Frauenhäuser in der Schweiz und dasjenige von Liechtenstein. Sie werden von jeweils privatrechtlichen Trägerschaften (Verein oder Stiftung) getragen. Die Leitbilder aller Frauenhäuser sind von einer feministischen und antirassistischen Grundhaltung geprägt. Ihre Kernaufgabe ist es, als Kriseninterventionsbetriebe gewaltbetroffenen Frauen und deren Kindern Notunterkunft, Schutz und psycho-soziale Beratung zukommen zu lassen. In ihren weiteren Angeboten unterscheiden sich die einzelnen Frauenhäuser teilweise.

➔ Über diesen Link gelangen Sie zu den einzelnen Frauenhäusern: http://www.frauenhaus-schweiz.ch/index.php?id=1

➔ Über diesen Link gelangen Sie zu weiteren Beratungsstellen und Verbänden, die Frauen in Not helfen: http://www.frauenhaus-schweiz.ch/index.php?id=27.

Beratungsstelle Nottelefon für Frauen – Gegen sexuelle Gewalt
Postfach
CH-8026 Zürich

Tel. 044/291 46 46
info@frauenberatung.ch
www.frauenberatung.ch

Seit der Einführung des Opferhilfegesetzes 1993 ist die *Beratungsstelle Nottelefon für Frauen – Gegen sexuelle Gewalt* eine kantonal anerkannte Opferberatungsstelle. Alle sechs Beraterinnen haben langjährige Erfahrung mit dem Thema Frau und Gewalt sowie zusätzliche Aus- oder Weiterbildungen in Supervision, Psychodrama-Therapie, Drama-Therapie, Focusing, Integrative Gestalttherapie, Personenzentrierte Psychotherapie und Gesprächstherapie.

➔ Über diesen Link gelangen Sie an weitere Beratungsstellen (unter anderem für Migrantinnen): http://www.frauenberatung.ch/cms/front_content.php?idcat=29.

Frauen Nottelefon Winterthur
Beratungsstelle für gewaltbetroffene Frauen
Technikumstrasse 38 (1. Stock)
Postfach 1800
CH-8401 Winterthur

Tel. 052/213 61 61
Fax 052/213 61 63
info@frauennottelefon.ch
www.frauennottelefon.ch

Das *Frauen Nottelefon Winterthur* ist ein feministischer Betrieb, der sich im Sinne einer Krisenintervention parteilich für Frauen einsetzt, die von Gewalt betroffen sind. Im Team arbeiten Frauen aus unterschiedlichen beruflichen Fachrichtungen wie Sozialarbeit, Pädagogik und Psychologie. Das Beratungsangebot richtet sich an Frauen und weibliche Jugendliche ab 14 Jahren, die von sexueller, psychischer und/oder physischer Gewalt betroffen oder bedroht sind. Jüngere Frauen werden an eine spezifische Beratungsstelle weitervermittelt. Anspruch auf Beratung haben zudem Angehörige sowie nahe Bezugspersonen betroffener Frauen.

→ Über diesen Link gelangen Sie zu weiteren Beratungsstellen: http://www.frauennottelefon.ch/link/linkframe.htm

Telefonseelsorge

In der Schweiz erreicht man die »dargebotene Hand« anonym, rund um die Uhr und kostenlos unter der Nummer

→ 143

Internationaler Sozialdienst SSI
Hofwiesenstrasse 3
CH-8057 Zürich

Tel. 044/363 98 80
Fax 044/363 98 81
ssi@zh.ssiss.ch
www.ssiss.ch

Der SSI bietet Beratung und sozial-juristische Interventionen im In- und Ausland bei Kindesentführung, internationaler Adoption, Herkunfts- und Familiensuche sowie für binationale Paare.

→ Über den folgenden Link erhalten Sie Adressen von Frauenhäusern im Raum Zürich: http://www.zuerichfamilie.ch/N91439/gewalt-in-der-ehe-notfaufnahme.html.

→ Über den folgenden Link erhalten Sie Adressen von Frauenhäusern im Berner Raum: http://www.bernfamilie.ch/N91439/gewalt-in-der-ehe-notfaufnahme.html.

→ Diese Webseite befasst sich mit Fällen in der romanischen Schweiz: http://www.lafamily.ch/.

Sie fühlen sich in Ihrer Beziehung bedroht und haben Angst vor Ihrem eigenen Partner?

In Zusammenarbeit mit der Good Times Fernsehproduktions-GmbH helfe ich Frauen, sich aus einer gewaltgeprägten Beziehung zu lösen und bin ihnen auf dem Weg in ein neues Leben behilflich. Wenn Sie selbst von Gewalt betroffen sind oder jemanden in Ihrem Freundes-, Verwandten- oder Bekanntenkreis haben, der Hilfe benötigt, dann melden Sie sich unverbindlich und vertraulich per Mail an redaktion@good-times.de.

256 Seiten
Preis: 17,99 € (D) | 18,50 € (A) | CHF 25,90
ISBN 978-3-86882-237-3

Detlef Vetten

50 TAGE LEBENSLÄNGLICH

Meine Erlebnisse in der geschlossenen Psychiatire

Wie fühlt es sich an, Alkohol als guten Freund zu haben und mit ihm exzessiv die Tage und Nächte zu verbringen? Wenn man das Leben ohne ihn nicht mehr erträgt und aus Verzweiflung vom Balkon springen möchte, sich aber nicht traut und doch lieber einen Freund anruft? Der Freund alarmiert den Notarzt, der bringt die Polizei mit und die netten Beamten schicken den gescheiterten Balkonspringer in die geschlossene Abteilung der Psychiatrie, wo man sich kümmert. Detlef Vetten, renommierter Journalist, Reporter und Buchautor, hat genau dies erlebt. Er schildert seine Therapie, seine Mitpatienten, deren Geschichten, das Personal, das gesamte Leben auf der Station.

mvgverlag

336 Seiten
Preis: 19,99 € (D) | 20,60 € (A) | CHF 28,90
ISBN 978-3-86882-238-0

Portia de Rossi:

DAS SCHWERE LOS DER LEICHTIGKEIT

Vom Kampf mit dem eigenen Körper

Portia de Rossi wog nur noch 38 Kilogramm, als sie am Set einer Hollywood-Produktion zusammenbrach. Nach außen hin war sie blond, schlank und schön, glamourös und erfolgreich. Doch innerlich war sie fast tot. Sie beschreibt unaufgeregt und eindringlich, wie der Druck Hollywoods, dünn zu sein, in Kombination mit ihrer geheim gehaltenen Homosexualität dazu führte, dass sie sich in ihrer Haut nie wohlfühlte und immer tiefer in die Magersucht hineinrutschte. Das Abnehmen wurde für sie zur einzigen Möglichkeit, Macht und Kontrolle über ihr Leben zu haben, bis es zu einer Krankheit wurde, die sie beinahe tötete und ihre Familie zerstörte. In ungewöhnlich offenen, mutigen Worten erzählt de Rossi mit erzählerischem Feingefühl ihre Geschichte und lässt uns tief in ihre Seele und ihr Leben als Hollywoodstar blicken.

mvgverlag

272 Seiten
Preis: 16,99 € (D) | 17,50 € (A) | CHF 24,90
ISBN 978-3-86882-239-7

Joe Navarro

MENSCHEN VERSTEHEN UND LENKEN

Wüssten wir nicht alle gerne, was andere Menschen wirklich denken, fühlen oder planen? Wie wir sie zu etwas überreden oder beeinflussen können? Und wünschen wir uns nicht auch, dass sie uns als jemanden wahrnehmen, der Selbstsicherheit, Autorität und Empathie ausstrahlt? In diesem Buch zeigt uns der Bestsellerautor und Körperspracheexperte Joe Navarro, wie wir die universelle Sprache der nonverbalen Kommunikation verstehen und anwenden können. Denn wer diesen Code kennt, wird sowohl beruflich als auch privat besser und effizienter kommunizieren, seine Ziele leichter erreichen und erfolgreicher sein.

mvgverlag